Allegria

Die Autorin

Louise L. Hay (1926–2017) begann ihre Arbeit als sie bei der Selbstheilung ihrer eigenen Krebserkrankung erfuhr, welche Bedeutung eine positive Lebenseinstellung für den Heilungsprozess haben kann. Ihre ersten Bücher stellten in den achtziger Jahren eine Revolution für das Selbstverständnis von Aids- und anderen Schwerstkranken dar. Seitdem hat sie mit ihrer Methode der positiven Selbstbeeinflussung mehr als 40 Millionen Menschen in über 30 Ländern der Welt geholfen. Um ihr Werk ist mit Hay House ein eigener Verlag entstanden, der heute in den USA zu den wichtigsten Vorreitern alternativer Gesundheitslehren und eines neuen humanen Umgangs mit menschlichen Problemen gehört. Ihr Name wurde zum Synonym für die Aktivierung von Selbstheilungskräften zur Unterstützung jeder ärztlichen Therapie.

Von Louise L. Hay sind in unserem Hause erschienen:

*Gesund sein,* mit M. L. Schulz (Allegria) • *Heile dein Herz,* mit David Kessler (Allegria) • *Gesundheit für Körper und Seele* (Allegria) • *Meditation für Körper und Seele* (Allegria)

*Ist das Leben nicht wunderbar!,* mit Cheryl Richardson • *Finde Deine Lebenskraft* • *Gesundheit für Körper und Seele A–Z* • *Meditation für Körper und Seele* • *Gesundheit für Körper und Seele* • *Liebe statt Angst* • *Wahre Kraft kommt von innen* • *Balance für Körper und Seele* • *Die Kraft einer Frau* • *Du bist dein Heiler!* • *Das Leben lieben* • *Die innere Ruhe finden* • *Das große Buch für Körper und Seele*

*Balance für Körper und Seele* (CD) • *Gedanken der Kraft* (CD) • *Liebe statt Angst* (CD) • *Du bist dein Heiler!* (CD) • *Heilende Gedanken für Körper und Seele* (CD) • *Verzeihen ist Leben* (CD)

*Das Mädchen und der Maler* (DVD)

*Körper und Seele* (Kartendeck) • *Du kannst es!* (Kartendeck)

*IST DAS LEBEN NICHT WUNDERBAR!* (Kalender)

Louise L. Hay

# Du bist dein Heiler!

## Stärkende Gedanken für jeden Tag

Ausgewählt und aus dem Amerikanischen
übertragen von Thomas Görden

Ullstein

Besuchen Sie uns im Internet:
www.ullstein.de

**Wir verpflichten uns zu Nachhaltigkeit**

- Klimaneutrales Produkt
- Papiere aus nachhaltiger Waldwirtschaft und anderen kontrollierten Quellen
- ullstein.de/nachhaltigkeit

Allegria im Ullstein Taschenbuch

Aus dem Amerikanischen von Thomas Görden

Die vorliegenden Texte sind eine Auswahl aus den folgenden Sammlungen
YOU CAN DO IT CALENDAR 1991, 1992, 1993, 1994
Erschienen bei Workman Publishing, Inc., New York, USA.

MIX
Papier aus verantwortungsvollen Quellen
FSC® C083411
FSC
www.fsc.org

Ullstein ist ein Verlag der Ullstein Buchverlage GmbH, Berlin.
Neuausgabe
1. Auflage November 2004
4. Auflage 2022

Umschlaggestaltung: FranklDesign, München
Titelabbildung: Shivananda Ackermann
Druck und Bindearbeiten: CPI books GmbH, Leck
ISBN 978-3-548-74184-0

Denjenigen unter Ihnen, die damit nicht vertraut sind, möchte ich gerne ein wenig die Vorzüge positiver Affirmationen erläutern.
Alles, was Sie sagen oder denken, ist eigentlich eine Affirmation, d.h. eine Vorstellung. Vieles, was wir normalerweise sagen oder denken, ist ziemlich negativ und erzeugt in unserem Leben keine guten Erfahrungen. Um unser Leben zu verändern, müssen wir unser Denken und Sprechen in positive Bahnen lenken.
Wenn wir von der »Anwendung« von Affirmationen sprechen, meinen wir damit: eine positive Aussage machen über etwas, das wir in unserem Leben eliminieren oder erschaffen wollen. Viel zu oft beschränken wir uns darauf zu sagen, was wir nicht wollen, ohne eine klare Aussage zu machen, was wir statt dessen wollen. Die Aussage: »Ich will nicht länger krank sein« vermittelt Ihrem Körper kein klares Bild von der Gesundheit, der Sie sich gerne erfreuen möchten. Und wenn Sie sagen: »Ich hasse diesen Job«, verhilft Ihnen das noch nicht zu einer besseren Arbeitsstelle. Um die von Ihnen gewünschten neuen Erfahrungen hervorzubringen, müssen Sie klar und deutlich erklären, was Sie sich wünschen.
Wenn Sie zum ersten Mal eine Affirmation anwenden, wird Sie Ihnen unwahr erscheinen. Wenn Sie bereits wahr wäre, bräuchten Sie sie ja gar nicht erst anzuwenden. Affirmationen sind wie Samenkör-

ner, die man in die Erde pflanzt. Zuerst keimen sie, dann bilden sie Wurzeln und schließlich sprießen sie aus dem Boden. Es braucht eine gewisse Zeit, bis aus einem Samenkorn eine voll entwickelte Pflanze geworden ist. Und ebenso braucht es eine gewisse Zeit von der ersten Anwendung bis zur vollen Verwirklichung einer Affirmation. Haben Sie also etwas Geduld.

Alles, was Sie unternehmen, um Ihre eigene Lebensqualität zu verbessern, wird auch dazu beitragen, die Qualität des Lebens in ihrer Umgebung zu verbessern. Unser Planet braucht heute jede erdenkliche Hilfe. Riskieren Sie es, anders zu sein. Trennen Sie sich von alten Vorstellungen und erfahren Sie das Leben auf eine neue Weise.

Nehmen Sie jeden Morgen die Affirmation des Tages bewußt in sich auf. Denken Sie während des Tages oft über sie nach. Wiederholen Sie sie abends unmittelbar vor dem Einschlafen. Diese Ideen werden dazu beitragen, daß jedes neue Jahr für Sie zu einer positiven Erfahrung wird.

Louise L. Hay

# *JANUAR*

*

Ich öffne die Tore meines Herzens weit und segne dieses neue Jahr mit Liebe. Die Macht der Liebe in mir ist eins mit der Macht der Liebe, die das ganze Universum erfüllt. Dies ist ein Jahr der Liebe!

## 1. Januar

Ich akzeptiere mich so, wie ich bin. Alles in mir, alles Schwache und alles Starke, ist Teil meines Einen, Wunderbaren Selbst. Dieses eine Selbst führt mich, während ich lerne, mich zu ändern und zu wachsen.

*

## 2. Januar

Das Gute, das ich suche, wohnt bereits jetzt friedvoll und machtvoll in mir. Ich bin gut von Geburt an. Es ist natürlich für mich, Gutes zu erleben.

## 3. JANUAR

Ich liebe meinen Beruf. Meine Arbeit ist eine meiner größten Freuden. Durch meine Arbeit lerne ich, meinen Horizont zu erweitern. Die Kraft des Geistes lenkt meine Gedanken.

*

## 4. JANUAR

Alle Menschen verdienen es, ein glückliches, erfülltes Leben zu führen. Ich löse mich von allen Erwartungen und öffne mein Herz, um Menschen zu akzeptieren, die anders sind.

## 5. Januar

In meinem Leben ist Ordnung. Ich liebe das Ritual meiner alltäglichen Handlungen, durch die mein Körper und mein Geist geschult werden. Ich gestatte es mir, mich großartig zu fühlen.

*

## 6. Januar

Alle meine Rechnungen sind bezahlt. In meinen finanziellen Angelegenheiten herrscht völlige Ordnung. Alles, was ich brauche, fließt mir stets im richtigen Moment zu.

## 7. Januar

Der gegenwärtige Augenblick ist mein Kraftpunkt. Hier und jetzt verfüge ich über alles Geld, alle Zeit und alle Hilfe, die ich benötige. Ich bin dankbar für die guten Gelegenheiten, die ich von jetzt an anziehe wie eine Blume die Bienen.

*

## 8. Januar

Mein Zuhause ist schön. Ich erfülle jedes Zimmer mit Liebe und Freude. Ich genieße es, in meinem Haus/meiner Wohnung zu leben, es/sie in Ordnung zu halten und mein Heim mit anderen Menschen zu teilen.

## 9. JANUAR

Wir sind in der Auswahl unserer Gedanken völlig frei. Ich achte auf meine Gedanken, jäte diejenigen, die mir Schmerzen bereiten, wie Unkraut und pflege jene, die hilfreich für mich sind.

*

## 10. JANUAR

Ich verzeihe mir, daß ich an Glaubenssätzen festhalte, die nicht länger nützlich für mich sind. Ich weigere mich, in der Vergangenheit zu leben. Ich schenke mir selbst die Freiheit, neue, leuchtende, wunderbare Erfahrungen zu machen.

## 11. Januar

Meine Mobilität ist optimal. Ich reise, wohin ich gern reisen möchte. Mit Leichtigkeit und Freude bewege ich mich meinen Reisezielen entgegen.

*

## 12. Januar

Mein Körper ist mein Freund. Ich achte aufmerksam auf seine Botschaften. Ich segne jede Zelle meines Körpers mit erlösender und entspannender Liebe.

## 13. Januar

Sich selbst zu lieben beginnt damit, daß man sich niemals wegen irgend etwas kritisiert. Ich möchte, daß sich positive Veränderungen ereignen, deshalb akzeptiere ich mich zunächst einmal so, wie ich bin.

*

## 14. Januar

Ich artikuliere meine Bedürfnisse und Wünsche offen. Auch weiß ich, wo ich Grenzen setzen muß, und sage nein, wenn es erforderlich ist. Ich bin in Harmonie mit dem unaufhörlichen Strom des Lebens.

## 15. JANUAR

Ich bin kreativ. Mit Leichtigkeit und Freude lasse ich meine kreative Kraft ihr volles Potential entfalten. Liebevoll akzeptiere ich den genialen Funken in mir.

*

## 16. JANUAR

Ich erhalte auf positive Weise Aufmerksamkeit. Meine Individualität entfaltet sich in einer sicheren, freundlichen Welt. Die kleinen, alltäglichen Dinge des Lebens erfüllen mich mit Frieden und Freude.

## 17. Januar

Gesundes, nahrhaftes Essen schenkt mir Energie und hält mich im Gleichgewicht. Der Gedanke an mein Einssein mit dem Universum verleiht mir Stärke und Inspiration in dieser sich verändernden Welt. Ich erlange jetzt optimale Gesundheit.

*

## 18. Januar

Ich verschließe mich nicht länger, sondern wage es, das Gute anzunehmen. Ich bin bereit herauszufinden, was diese Aussage gegenwärtig für mich bedeutet.

## 19. JANUAR

Während ich lerne, Selbstachtung und Selbstliebe zu entwickeln, bin ich mit mir selbst geduldig und großzügig. Ich akzeptiere jetzt, daß nur Gutes zu mir kommen kann.

*

## 20. JANUAR

Von jetzt an gibt es kein »sollte« mehr. Ich weigere mich, mir selbst und anderen Vorwürfe zu machen. Ich entscheide mich für Bewußtheit, Verständnis und Freiheit.

## 21. Januar

In meinen zwischenmenschlichen Beziehungen herrscht ein ausgewogenes Verhältnis zwischen Nähe und Freiheit. Wir alle sind geliebte Kinder des Universums. Es ist gut, von anderen Menschen geliebt zu werden.

*

## 22. Januar

Ich bin von Natur aus schön. Kein anderer Mensch ist genau wie ich. Ich bin ein einzigartiges Geschöpf, das seine ganz eigene, individuelle Bestimmung hat. Und zugleich bin ich ein ganz normaler Mensch, der sich im Alltag bewährt.

## 23. Januar

Die Gesundheit unseres Planeten ist wichtig für mich. So wie ich mithelfe, Dosen, Flaschen und Papier zu recyceln, helfe ich auch mit, negative, verschmutzende Gedanken in wahre, positive Gedanken umzuwandeln. Frieden beginnt bei mir selbst!

*

## 24. Januar

Ich schaffe bei mir zu Hause eine friedliche, ruhige Atmosphäre. Wenn ich in Streß gerate, halte ich einen Moment inne und erinnere mich daran, daß sich tief im Zentrum meines Wesens ein unendlicher Brunnen der Liebe befindet.

## 25. Januar

Jede Zelle meines Körpers reagiert positiv auf meine positiven geistigen Bilder. Die Stärke, die ich entwickele, immunisiert mich gegen negative Situationen. Ich erlaube es mir, vollkommen gesund zu sein.

*

## 26. Januar

Es ist wunderbar, ganz im Hier und Jetzt zu leben. Ich bin froh, hier zu sein. Meine Bewußtheit ist klar und frei von allen Beeinträchtigungen. Ich sehe nur Gutes.

## 27. JANUAR

Es ist eine Freude, hier in diesem sauberen, sicheren Stadtviertel zu leben. Meine Nachbarn sind alle freundlich und um das gegenseitige Wohl besorgt. Gemeinsam erschaffen wir eine Welt, in der jeder es wagen kann, sich für die Liebe zu öffnen.

*

## 28. JANUAR

Ich bin bereit, willens und in der Lage, alles, was mir heute geschieht, als Geschenk Gottes zu betrachten. In jedem Menschen, jedem Ding, jedem Ort sehe ich nur Gott!

## 29. Januar

Ich freue mich, daß göttliche Liebe und Weisheit mein Leben bestimmen. Jeder Verlust oder Mangel wird von der Einen Quelle wieder ausgeglichen. Es genügt, wenn ich mir stets bewußt bin, daß alle meine Bedürfnisse zur rechten Zeit und am rechten Ort befriedigt werden.

*

## 30. Januar

Heute fühle ich mich entspannter und anziehender. In mir ist das sichere Wissen, daß göttliches richtiges Handeln mir zu allem verhilft, was ich benötige.

## 31. Januar

Ich sehe in jedem Menschen nur das Beste. Freude findet sich oft an ganz unerwarteter Stelle. Alles, was ich berühre, ist ein Erfolg.

# *FEBRUAR*

*

Tief in meinem Innern finde ich die Antworten auf alle meine Fragen. So wie ich selbst trägt auch jeder andere Mensch die Wahrheit in sich. Wir alle lernen, in uns die Weisheit für ein harmonisches Leben zu finden. Liebe öffnet jede Tür.

## 1. Februar

Ich bin mit einem stabilen Einkommen gesegnet. Ich stelle mir vor, daß die Regierungen ihre Staatshaushalte in Ordnung bringen und für stabile internationale Beziehungen sorgen. Die Erde bietet uns Reichtum im Überfluß. Ich akzeptiere meinen eigenen inneren Reichtum.

*

## 2. Februar

Mein Blick ist auf die Vollkommenheit gerichtet. Ich bin erfüllt von einem strahlenden inneren Licht, mit dessen Hilfe ich hinter negativen Erscheinungen den wunderschönen Kern des Guten sehen kann. Ich bin offen und aufnahmebereit für alles Gute.

## 3. Februar

Mein Leben verändert sich jetzt zum Besseren. Mein Ziel ist es, jeden Augenblick zu lieben. Ich freue mich über diesen gegenwärtigen Augenblick, denn ich weiß, ich bin in ständiger Verbindung mit einem bedingungslos liebenden Universum, das mir stets gibt, was ich erbitte. Ich erbitte nur Gutes.

*

## 4. Februar

Ich vertraue dem Rhythmus und dem Fluß des Lebens. Mein Herz fließt über vor Freude angesichts all der wunderbaren Segnungen in meinem Leben.

## 5. Februar

Ich erkenne meine Beziehung zur Einen Unendlichen Quelle und werde mir meiner Kraft bewußt. Meine zwischenmenschlichen Beziehungen sind friedliche und liebevolle Spiegel der inneren Stabilität, die mir die Verbindung mit meiner Quelle verleiht. Ich sehe das Gute in jedem Menschen und in mir selbst.

*

## 6. Februar

Ich kann meine Gefühle gefahrlos erleben. Im Zentrum jedes negativen Gefühls findet man die Liebe. Ich lasse Liebe aus meinem Herzen in jede Zelle meines Körpers und in alle meine zwischenmenschlichen Beziehungen strömen.

## 7. Februar

Ich kombiniere positive Affirmationen mit einem körperlichen Trainingsprogramm, das genau meinen Bedürfnissen entspricht. Mein Körper spricht rasch darauf an. Ich liebe es, gesundes Essen zu genießen und nachts gut zu schlafen.

*

## 8. Februar

Meine Energie ist heute strahlend und friedvoll. Ich nehme mir zwischendurch einen Moment Zeit, um meine Mitte zu finden und mir bewußtzumachen, daß ich ein Teil von Gottes Plan bin. Ich schaue in den Spiegel und sage zu mir: »Ich liebe dich.«

## 9. Februar

Ich schaffe Raum in mir, so daß liebende, optimistische und fröhliche Denkmuster in mir keimen, Wurzeln bilden und wachsen können. Die neue Energie auf dem Planeten ist in meinem Bewußtsein willkommen. Ich nähre sie durch meine positive Imagination.

*

## 10. Februar

Sobald ich mich in ein Auto setze, lasse ich sofort ganz viel Liebe in es hineinströmen. Ich bekräftige, daß sich nur glückliche und gute Autofahrer in meiner Nähe befinden. Ich bin dankbar für die Möglichkeit, mit dem Auto so mühelos überall hingelangen zu können.

## 11. Februar

Jede schwierige Situation in meinem Leben ist eine Lernerfahrung. Ich lerne, den Strom der Liebe, der uns alle vereint, in jede Situation einfließen zu lassen. Das ist eine Wohltat für alle Beteiligten.

*

## 12. Februar

Ich bin mir bewußt, wenn Ärger in mir hochsteigt, und ich drücke ihn auf positive und harmlose Weise aus. Viele wunderbare Veränderungen werden möglich, wenn ich die Energie des Ärgers mit der heilenden Kraft der Liebe in Berührung bringe.

## 13. FEBRUAR

Ich wasche mein Geschirr mit derselben spirituellen Energie, die ich zum Meditieren benutze. Die Kraft, die das Universum bewegt, ist in mir, im Geschirr und in allen anderen Dingen.

*

## 14. FEBRUAR

Ich bin bereit, die Liebe hereinzulassen. Meine Höhere Kraft hat dafür gesorgt, daß ich mich in Gesellschaft wirklich liebevoller Menschen befinde. Jeder Mensch, der mir begegnet, bringt nur Gutes in mein Leben.

## 15. Februar

Ich liebe meine Vorstellungskraft. Sie ist eine meiner machtvollsten Gaben. Ich benutze sie, um mir vorzustellen, daß mir selbst und den Menschen in meiner Umgebung nur Gutes widerfährt.

*

## 16. Februar

Alle Unternehmungen, zu denen die göttliche Weisheit mich hinführt, werden ein Erfolg. Ich lerne aus jeder Erfahrung, und es ist völlig in Ordnung, beim Lernen Fehler zu machen. Ich gehe von Erfolg zu Erfolg.

## 17. FEBRUAR

Das Leben meint es gut mit mir, und ich gebe das Gute, das ich empfange, auf vielfältige Weise zurück. Ständig strömen mir Wohlstand und gute Gelegenheiten zu. Ich habe stets alles Geld, das ich brauche.

*

## 18. FEBRUAR

Das Leben ist eine Reise der Selbstentdeckung. Erleuchtung bedeutet, nach innen zu gehen und zu wissen, wer ich wirklich bin, zu wissen, daß ich mich zum Besseren verändern kann, wenn ich mich selbst liebe.

### 19. Februar

Wir leben in einer Zeit der Heilung. Wir lernen, offen und aufnahmebereit zu sein für die Heilung, die jeder einzelne von uns braucht. Inmitten all der vielen Veränderungen sind wir stets beschützt.

*

### 20. Februar

Wir sind nicht hier, um andere Menschen zufriedenzustellen und unser Leben nach ihren Vorstellungen zu leben. Jeder von uns ist hier, um sein Leben auf seine eigene Weise zu leben. Ich liebe mein einzigartiges und wunderbares Leben.

## 21. Februar

So wie die Planeten in unserem Sonnensystem sich in einer perfekten Umlaufbahn bewegen, so bewege auch ich mich in der richtigen göttlichen Ordnung. Ich bin in Einklang mit dem Universum. Alles ist gut.

*

## 22. Februar

Mein klares, liebevolles Handeln verhilft mir zu klaren, liebevollen Erfahrungen. Es herrscht stets Bedarf an dem, was ich anzubieten habe. Ich bin ein wertvolles Mitglied der Gemeinschaft.

## 23. FEBRUAR

Spielen ist ein wichtiges Element in meinem Leben. Heute gönne ich mir etwas Spaß. Mein Inneres Kind lehrt mich, wie ich mich entspannen und das Leben genießen kann.

*

## 24. FEBRUAR

Ich kann meiner Höheren Kraft vertrauen. Sie zeigt mir, wie ich ein erfülltes, schmerzfreies Leben führen kann. Ich lerne, Schmerz als ein Alarmsignal zu betrachten, das mich ermahnt, auf meine innere Weisheit zu hören.

## 25. Februar

Meine Vorstellungskraft ist darauf ausgerichtet, heute eine positive Erfahrung zu erzeugen. Die Vergangenheit ist vorbei und erledigt. Es gibt nur die Erfahrung des gegenwärtigen Augenblicks. Alles ist gut im Hier und Jetzt.

*

## 26. Februar

Ich tue die Dinge, die zu tun ich hergekommen bin. Der Moment ist gekommen, meine Fähigkeiten unter Beweis zu stellen. Das Licht der Liebe erhellt meinen Weg und versüßt meine Wahrnehmung.

## 27. Februar

Meine Eltern sind wunderbare Menschen. Sie achten mich, und ich achte sie. Wir lieben einander, und jeder hilft dem anderen, so gut es geht, auf seinem Lebensweg.

*

## 28. Februar

Ich verzeihe mir, daß ich das Verhalten anderer Menschen beurteile. Ich öffne meine Wahrnehmung und sehe ihr Verhalten aus einer größeren Perspektive. Ich liebe es, andere Menschen zu ermutigen und zu inspirieren.

# *MÄRZ*

*

Lautlos und unsichtbar wirkt hinter allen äußeren Erscheinungsformen mein Höheres Selbst in vollkommener Ausgewogenheit und Harmonie. Ich fühle mich eins mit dem Universum. Tief in mir sprudelt eine nie versiegende Quelle unbeschreiblicher Freude, und ich weiß: Alles ist gut.

## 1. März

Meine Aufgabe besteht darin, dem Leben auf meine Weise Ausdruck zu geben. Die Kraft, die mich erschuf, hat mir alles mitgegeben, was ich brauche, um jedes erdenkliche Problem lösen zu können. Ich danke dafür, daß ich demonstrieren darf, wie die Kraft der göttlichen Intelligenz durch mich wirkt.

*

## 2. März

Ich kenne den Unterschied zwischen dem echten Bedürfnis und der Sucht nach Liebe. In vollkommener Harmonie erfahre ich jetzt göttliche Liebe und Weisheit. Dieses Wissen trägt zur Erfüllung meiner Bedürfnisse bei.

## 3. März

Es ist eine Freude, mit dem Geld zu arbeiten, das mir zufließt. Einen Teil spare ich, und einen Teil gebe ich aus. Täglich erhöhe ich mein Guthaben eindeutiger Bejahungen auf meinem kosmischen Bankkonto. Meine Umwelt ist ein genaues Abbild meiner geistigen Aktivität. Alles ist gut.

*

## 4. März

Ich weiß, wie ich mich entspannen kann. Jeden Tag nehme ich mir die Zeit, still zu werden, mich nach innen zu wenden und friedlich bei meinem inneren Selbst zu verweilen. Frieden, Liebe und Weisheit sind die natürlichen Qualitäten meines inneren Selbst. Ich atme sie ein und atme sie hinaus in meine Welt.

## 5. März

Ich arbeite stets in einer Umgebung, wo es harmonisch und fröhlich zugeht, wo die Menschen einander wirklich schätzen und respektieren. Meine Arbeit ist ideal für mich.

*

## 6. März

Ich löse mich vom Konkurrenzdenken und dem Vergleichen mit anderen. Ich bin einzigartig, und das trifft auch auf jeden anderen Menschen zu. Es ist Raum genug für uns alle, so daß jeder von uns voller Freude seiner einzigartigen Kreativität Ausdruck verleihen kann.

## 7. März

Ich erfülle mein Zuhause mit Liebe und fühle, daß es wirklich der Himmel auf Erden ist. Mein Inneres Kind fühlt sich hier wohl und erfreut sich lachend seines Lebens. Meine Eltern, meine Familie und meine Freunde respektieren meine Bedürfnisse, und ich respektiere ihre.

*

## 8. März

Alle Menschen sind miteinander verbunden. Wir sind Licht, Energie, Schwingung und Liebe. Wir alle haben die Kraft, ein sinnerfülltes Leben zu leben. Ich habe die Vision, daß die Erde ein wunderbarer Ort ist, an dem es sich lohnt zu leben. Diese Vision bewahrheitet sich jeden Tag.

## 9. März

Die Gedanken, die ich auswähle, sind das Werkzeug, mit dem ich die Leinwand meines Lebens bemale. Ich höre auf meine Intuition. Ich vergebe mir. Ich vertraue mir. Ich vertraue darauf, daß mein hell strahlendes Licht, mein Höheres Selbst, in allen Lebenslagen für mich sorgt.

*

## 10. März

Wohlstand ist in meinem Leben willkommen wie nie zuvor. Ich verdiene das Beste. Ich bin bereit, das Beste zu akzeptieren. Ich liebe mich und freue mich, eine göttliche, großartige Ausdrucksform des Lebens zu sein.

## 11. März

Ich bin ein guter Freund. Ich erfreue mich an der Gesellschaft guter Freunde. Niemand von uns ist vollkommen, und doch fühlen wir uns zueinander hingezogen, um gemeinsam das Leben zu genießen und einander Achtung und Aufrichtigkeit zu schenken. Es ist wirklich eine Ehre und ein Privileg, heilende Energie mit einem anderen menschlichen Wesen zu teilen.

*

## 12. März

Ich bin liebenswert. Ich bin schön. Ich bin stark. Ich öffne mein Herz für alle Teile meiner Person – für die Teile, auf die ich stolz bin, und für die Teile, für die ich mich schäme. Ich schenke mir die Freiheit, alles zu sein, was ich sein kann.

## 13. März

Mit Liebe heilt die Welt ihre Wunden. Ich sehe, wie alle Menschen schöpferisch und liebevoll leben. Ich sehe, wie eine Welle aus strahlendem Licht den ganzen Planeten einhüllt. Alles ist gut.

*

## 14. März

Unsere Familie ist eine liebevolle Familie. Auf der ganzen Welt gibt es keine zweite Familie, die genau so wie unsere ist. Wir sind eine einzigartige Ansammlung von Energie. Wir sind nicht immer einer Meinung, und doch wünschen wir einander stets das Beste.

## 15. März

Ich erzeuge Frieden in meinem Herzen. Tag und Nacht bin ich von Engeln umgeben. Wohin ich auch gehe, immer bin ich geliebt und beschützt. Das Licht ist gekommen. Ich bin frei.

*

## 16. März

Meine Macht liegt in der Gegenwart. Hier habe ich alle Wahlmöglichkeiten. Ich entscheide mich dafür, die Verantwortung für die Macht meiner Gedanken zu übernehmen. Meine Gedanken gehen von mir aus und kehren als äußere Erfahrungen zu mir zurück. Deshalb entscheide ich mich jetzt für die besten und hochstehendsten Gedanken, die ich kenne.

### 17. März

Ich nehme mir die Zeit, mir etwas Ruhe zu gönnen, ein heißes Bad, einen Spaziergang in der Natur, oder eine andere Form der Entspannung. Ich spiele eine einzigartige Rolle in der Welt, und ich bin dankbar, daß mir alles zur Verfügung steht, was ich brauche, um diese Rolle auszufüllen.

*

### 18. März

Kinder lieben mich. Sie fühlen sich in meiner Nähe geborgen. Ich habe sie gerne um mich. Der Erwachsene in mir fühlt sich von den Kindern geschätzt und respektiert.

## 19. MÄRZ

Mein Leben ist wie ein Garten. Die Gedanken, die ich pflanze, sind die Saat, aus denen sich später meine Erfahrungen entwickeln. Dieser Vorgang braucht seine Zeit, deshalb übe ich mich in Geduld. Ich liebe meinen Geist.

*

## 20. MÄRZ

Heute ist ein neuer Tag, und ich werde heute alles ein wenig anders tun. Ich passe mich dem Prozeß des Lebens an und fließe mit ihm. Ich entscheide mich für den Glauben, daß stets auf bestmögliche Weise für mich gesorgt ist.

## 21. März

Ich liebe es, zu lernen, zu wachsen und mich zu wandeln. Meine Aufgabe ist es, in der Gegenwart zu verweilen und auf den Fluß meiner Gedanken und Gefühle zu achten. Jeden Tag bin ich offen für eine neue Idee, die mir hilft, mich von der Vergangenheit zu lösen und meine Lebensqualität zu verbessern.

*

## 22. März

Ich wachse über die Grenzen meiner Eltern hinaus. Es ist jetzt für mich an der Zeit, selbständig zu denken. Ich öffne mich für die Weisheit in mir, die mir sagt, daß es in diesem Universum nur Eine Intelligenz gibt. Diese Intelligenz fließt jetzt durch mich.

## 23. März

Statt mich mit kritischem Denken herunterzuziehen, nähre ich mich mit liebevollen, aufbauenden Gedanken. Ich habe eine hohe Meinung von mir. Ich bin wunderbar, so wie ich jetzt bin.

*

## 24. März

Ich spüre eine friedvolle Macht in mir und ruhe in tiefer Geborgenheit. Ich bin reine Bewußtheit und vertraue alle meine weltlichen Angelegenheiten meiner göttlichen Quelle an.

## 25. März

Ich arbeite in einer erfreulichen Atmosphäre. Gemeinsam mit meinen Vorgesetzten und Kollegen wirke ich bei der Erzeugung von Produkten und Dienstleistungen mit, die für die ganze Welt von Nutzen sind.

*

## 26. März

Ich erfahre jetzt mehr über die Kindheit meiner Eltern, so daß ich meine Eltern in einem neuen, liebevolleren Licht sehen kann. Ganz gleich, ob meine Eltern noch leben oder bereits gestorben sind, ich kann mich vor einen Spiegel stellen und mit ihnen reden. So kann ich alte Probleme bereinigen, vergeben und weitergehen.

### 27. März

Die Fülle des Universums steht jedem offen. Ich bin dankbar für alles, was ich im Leben empfangen durfte. Ich verdiene das Beste, und ich akzeptiere jetzt das Beste.

*

### 28. März

Blühende Gesundheit ist mein ständiger Gefährte. Unwohlsein und Schmerzen kommen zu mir, um mich daran zu erinnern, daß ich mir die Zeit nehme, auf meinen physischen, emotionalen und geistigen Körper zu hören. Ich vertraue darauf, daß meine Höhere Kraft mir sagt, welche Veränderungen nötig sind. Ich bin sicher und geborgen.

## 29. März

Ich erfreue mich an meiner Sexualität. Sie ist natürlich, normal und perfekt. Mein Körper ist für mich ein Quell der Freude. So wie ich bin, bin ich gut genug und schön genug.

*

## 30. März

Mein Geist ist offen, und die Beschäftigung mit neuen Ideen macht mir Freude. Mein Herz ist offen und liebt es, diese neuen Ideen zu nähren. Gott hat mir die Fähigkeit geschenkt, mich biegsam wie ein Weidenzweig dem Fluß des Lebens anzupassen. Ich kann mich beugen und strecken und kehre doch immer wieder in meine Mitte zurück.

## 31. März

Ich entscheide mich für Gedanken, mit deren Hilfe sich die kleinen, alltäglichen Anforderungen leicht und mühelos bewältigen lassen. Es ist leicht für mich, meinen Finger am Puls des Lebens zu halten, und mich auf jeden Menschen, jeden Ort und jedes Ding einzustimmen. Ich berühre meine Welt mit Liebe.

# *APRIL*

*

Starke kleine Knospen brechen aus den Zweigen hervor. Meine ganze Welt wird neu geboren. Ich erfreue mich des neuen Lebens, das ich mit meinen neuen Gedanken erschaffe.

## 1. April

Meine Arbeit gibt mir sehr viel. Ich betrachte mich als erfolgreich, und ich bin es tatsächlich. Viele Menschen profitieren von meiner Arbeit, oft ohne daß ich davon weiß. Wenn ich in der Welt arbeite, arbeitet meine Höhere Kraft durch mich.

*

## 2. April

Überall, wo ich hingehe, fühle ich mich geliebt. Ich beginne jeden Tag damit, daß ich mein Herz öffne. Ich lasse Liebe hinaus in meine Welt strömen und segne damit alles und jeden.

### 3. April

Ich bin ein JA-Mensch, der in einem JA-Universum lebt. Wenn ich in einer Sache Hilfe brauche, frage ich das Universum, und es hilft mir immer auf die erwartete oder auf eine unerwartete Weise. Ich habe einen direkten Draht zu der Kraft, die mich erschuf, und ich nutze ihn.

*

### 4. April

Ich achte auf meinen inneren Dialog. Immer wenn ich in mir eine verächtliche oder kritische Stimme höre, die mir sagt, daß ich nicht gut genug bin oder etwas falsch mache, antworte ich darauf, indem ich meinem Inneren Kind liebevoll zurede.

## 5. April

Ich bringe möglichst viel Stabilität in mein Erwachsenenleben, damit mein Inneres Kind sich sicher fühlt. Mit dem Gefühl der Sicherheit kommt die Bereitschaft, alte Muster hinter mir zu lassen und neue Erfahrungen zu machen.

*

## 6. April

Fehler sind meine Sprungbretter. Sie sind wertvolle Lehrer. Ich bestrafe mich nicht mehr, wenn ich einen Fehler mache. Jeder Fehler ist ein wichtiger Schritt auf meinem Weg. Jeden Tag liebe ich mich ein kleines bißchen mehr.

## 7. April

Ich wähle meine Worte gegenüber meiner Familie, meinen Freunden und Arbeitskollegen sorgfältig. Ich weiß, wie wichtig Worte sind. Was wir aussenden, kommt wieder zu uns zurück. Deshalb spreche ich freundlich, aufrichtig und liebevoll.

*

## 8. April

Ich programmiere mein Unterbewußtsein mit neuen Gedanken. Alte Gedanken, die in mir aufsteigen, zeigen mir, in welchen Bereichen noch neue Programmierungen nötig sind. Alles, was ich wissen muß, wird mir immer zur rechten Zeit und am rechten Ort enthüllt.

## 9. April

Ich habe keine Zeit, mich in Groll und Bitterkeit aus der Vergangenheit zu ergehen. In diesem gegenwärtigen Augenblick erschaffe ich meine Zukunft. Die Höhere Kraft in mir hilft mir, die Ketten der Vergangenheit zu sprengen. Voller Freude kehre ich jetzt in die Reinheit des Geistes zurück.

*

## 10. April

Ich kann meine Emotionen gefahrlos freisetzen. Ich kann zu geliebten Menschen sagen: »Ich liebe dich und ich gebe dich frei. Du bist frei, und ich bin frei.« Ich bin jetzt sehr kreativ, wenn es darum geht, zu befreien und zu vergeben.

## 11. APRIL

Mein Körper wurde dafür geschaffen, perfekt zu funktionieren, und er ist mit mächtigen Selbstheilungskräften ausgestattet. Wenn ich Schmerzen oder Müdigkeit spüre, frage ich meinen Körper: »Was kann ich tun, damit du dich gut fühlst?« Ich staune über die unglaublichen Fähigkeiten meines Körpers.

*

## 12. APRIL

Ich bin von unbegrenzter, freudiger Energie erfüllt. Jede Zelle meines Körpers wird vom Morgen bis zum Abend von dieser Lebenskraft durchtränkt. Jeden morgen erwache ich voller Vorfreude auf die neuen Erfahrungen des Tages.

## 13. April

Ich bin nicht meine Ängste. Ich bin Teil eines unendlichen Universums, das nur das Beste für mich will. Wie Wolken lasse ich meine Ängste kommen und gehen. Ich vertraue dem Prozeß des Lebens.

*

## 14. April

Liebe ist etwas völlig Normales. Jedes Ding und jede Person, ich selbst eingeschlossen, sind in Wahrheit nichts als Liebe. Liebevoll zu sein ist für mich die einfachste Sache der Welt, denn es ist meine wahre Natur.

## 15. April

Es gibt auf dem Planeten niemanden sonst, der so ist wie ich. Es hat in der Vergangenheit nie jemanden wie mich gegeben, und es wird in der Zukunft nie wieder jemanden wie mich geben. Ich bin für immer eine einzigartige göttliche Schöpfung.

*

## 16. April

Heute halte ich mich an eine Diät aus positiven Gedanken. Ich habe das für mich zu diesem Zeitpunkt perfekte Gewicht. Ich weiß, wie ich meine Gesundheit bewahren kann. Ich bin sicher und geborgen, und alles ist gut.

## 17. April

Meine Gefühle sind gesund und natürlich. Ich weiß, ich kann alles, was ich fühlen kann, auch heilen. Deshalb lasse ich meine Gefühle zu, lerne die damit verbundenen Lektionen und gehe weiter. Ich vertraue dem Leben und weiß, daß alles in der richtigen göttlichen Ordnung geschieht.

*

## 18. April

Ich bin schön, und ich werde von Tag zu Tag attraktiver. Jeder Tag ist für mich etwas Besonderes und Kostbares, denn ich erlebe ihn nur einmal.

## 19. April

Ich entscheide mich für Gedanken, die Freude und Frieden erzeugen. In der Gewißheit, daß ich immer mit einem grenzenlosen und wohlwollenden Universum verbunden bin, lebe ich auf diesem Planeten sicher und geborgen.

*

## 20. April

Mit Dankbarkeit und Liebe bezahle ich Rechnungen und stelle ich Schecks aus. Ich bin völlig offen und empfangsbereit für die Fülle und den Reichtum, die das Universum mir bietet.

### 21. April

Ich bin bei der Arbeit immer entspannt. Ich mache meine Sache gut, und meine Arbeit wird von allen anerkannt. Stets öffnen sich mir neue Türen.

*

### 22. April

Jeder von uns erlebt den Reichtum und die Fülle des Lebens auf eine für ihn sinnvolle Weise. Es gibt kein richtig oder falsch, kein gut oder schlecht. Im Geist sind wir alle eins.

## 23. April

Indem ich mich selbst achte, verändert sich meine Welt zum Besseren. In der Gegenwart zu leben verleiht mir Macht. Genau so, wie ich bin, bin ich wertvoll und willkommen.

*

## 24. April

Meine Freunde und ich haben die Freiheit, ganz wir selbst zu sein. Indem ich mich selbst und andere liebevoll annehme, erschaffe ich dauerhafte Freundschaften. Liebe ist ein herrliches Gefühl!

## 25. April

Die wirklichen Probleme meiner Welt sind lösbar. Das unendliche Universum kennt die perfekten Umstände, die dem Bewußtsein auf diesem Planeten helfen, den Weg ins Licht zu finden. Ich bin reine Bewußtheit, die sich des Lichtes bewußt ist. Alles ist gut.

*

## 26. April

Heute lebe ich in der Gesamtheit aller Möglichkeiten. Es gibt in diesem Universum eine Macht, die weitaus größer als ich ist, und ich bin Teil dieser Macht. Es ist leicht für mich, in jenen Raum zu gelangen, wo der unendliche Geist seine Wirkung entfaltet. Ich bin bereit, mich von meinen Begrenzungen zu lösen und eine viel größere Wirklichkeit zu erfahren.

## 27. April

Meine täglichen Rituale sind flexibel, machen mir Spaß und helfen mir wirkungsvoll dabei, meiner Bestimmung zu folgen. Mein Leben ist geordnet, so daß ich Zeit dafür habe, kreativ zu sein.

*

## 28. April

Die Atmosphäre in meinem Zuhause ist hell und fröhlich. Jeder, der es betritt, fühlt sich willkommen und geliebt. Mein Zuhause ist ein Ort der Freude.

## 29. April

Mutter Erde selbst ist ein atmender Organismus, ein lebendiges Wesen. Alle ihre Systeme funktionieren in perfekter Harmonie. Auf vielfältige Weise trage ich zum Schutz des Planeten bei und helfe bei seiner Heilung.

*

## 30. April

Mein Immunsystem ist jederzeit aktiv. Ich bin durch die beste Lebensversicherung unter der Sonne geschützt: durch meine Kenntnis der kosmischen Gesetze und meine freudige Bereitschaft, sie in allen Bereichen meines Lebens anzuwenden.

# *MAI*

*

Überall sehe ich Beweise für das überströmende Fließen der Lebensenergien. So wie Bäume und Blumen in überschwenglicher Fülle ihre Samen ausstreuen, säe ich meine Gebete ins Universum, denn ich weiß: Mit Gott sind alle Dinge möglich.

## 1. Mai

Ich werde ruhig und weiß, daß ich es wert bin, ein großartiges Leben zu haben. Ich verdiene nicht nur annehmbare, sondern wirklich wunderschöne Erfahrungen. Sanft und liebevoll bin ich mir bewußt, daß ich auf dem Weg bin, ein durch und durch liebender Mensch zu werden.

*

## 2. Mai

Für mich ist immer der richtige Moment. Wohin ich auch gehe, ich bin stets zur rechten Zeit am rechten Ort. Ich lebe im Jetzt. Alles, was ich brauche, ist hier.

## 3. Mai

Ich achte meinen Geist. Er ist der Schlüssel zu allen Segnungen in meinem Leben. Die Gedanken, die ich aussende, kommen als Erfahrung zu mir zurück. Ich suche nach Segnungen und finde sie!

*

## 4. Mai

Mein/e Partner/in ist liebevoll und unterstützt mich. Wir kommunizieren in allen Belangen aus dem Herzen. Wir schlafen nachts gut, in dem Wissen, daß wir einander lieben.

## 5. Mai

Ich bin Teil eines bedingungslos liebenden Universums. Ich bitte um die Dinge, die ich brauche, und meine Bitten werden leicht und rasch beantwortet. In meinem Geist ist Frieden, denn ich weiß, daß in mir eine enorme Weisheit wohnt, die mir immer zur Verfügung steht.

*

## 6. Mai

Meine Organe erfüllen voller Freude ihre Aufgaben in meinem Körper. Die Gelegenheit, in diesem wunderbaren Körper zu leben, erfüllt mich mit Staunen und Dankbarkeit. Jeder neue Tag ist ein Geschenk für mich. Ich fühle mich eins mit allem Leben.

## 7. Mai

Ich erschaffe für mich eine streßfreie Welt. Entspannung erneuert und erfrischt mich. Schönheit hebt meine Stimmung. Heute mache ich mir selbst eine Freude und erhelle dadurch meinen Tag.

*

## 8. Mai

Ich vertraue mir. Tief in mir gibt es ein stabiles Zentrum, auf das ich mich in Zeiten des Wandels und der Unruhe verlassen kann. Es ist gut und ungefährlich für mich, alte Denk- und Verhaltensmuster aufzugeben.

## 9. Mai

Ich entscheide mich dafür, während meiner Arbeitspausen gesunde Zwischenmahlzeiten und Getränke zu mir zu nehmen. Ich tue alles Erforderliche, um mir diese Entscheidung zu erleichtern. Gut und gesund zu essen ist eine meiner positiven täglichen Gewohnheiten.

*

## 10. Mai

Dieser Tag beginnt mit einem Lied der Freude. Immer wenn ich telefoniere, spreche ich deutlich und teile meine Absichten klar mit. Ich liebe den Klang meiner Stimme.

## 11. Mai

Ich liebe es, beim Baden angenehm duftende Seifen und Badezusätze zu benutzen. Solche kleinen, liebevollen Aufmerksamkeiten tun mir wirklich gut. Es ist schön, gut für mich zu sorgen.

*

## 12. Mai

Mein Auto ist sehr zuverlässig. Es ist ein Vergnügen, mit ihm bei jedem Wetter auf allen möglichen Straßen unterwegs zu sein. Ich schenke meinem Auto viel Liebe und fühle mich immer sehr gut, wenn ich es benutze.

## 13. Mai

Meine Eltern mögen mich, und ich mag meine Eltern. Wir sehen jeder das Beste im anderen. Wir zeigen uns unsere Liebe auf eine klare, deutliche Weise.

*

## 14. Mai

Mein Arbeitsplatz ist ein schöner Ort. Die Umgebung ist inspirierend und schön gestaltet. Immer wenn ich zur Arbeit gehe, fühle ich mich prima.

## 15. Mai

Meine Nachbarn sind gute, fürsorgliche Menschen. Wir pflegen guten Kontakt miteinander, aber wir respektieren auch die Privatsphäre des anderen.

*

## 16. Mai

Ich gönne mir heute etwas Spiel und Spaß. Mein Inneres Kind bringt mich auf lustige Einfälle, und zusammen heilen wir alte Wunden und erneuern unsere Unschuld und Liebe.

## 17. Mai

Die Türen der Freude stehen für mich heute weit offen. Durch sie kommt das Universum zu mir und hilft mir in allem. Ich bin es wert, ein wundervolles Leben zu führen. Hurra, dieses Leben beginnt jetzt!

*

## 18. Mai

Ich bin bereit zu lernen, wie man einen anderen Menschen bedingungslos liebt. Ich beginne damit, daß ich mich selbst ohne Bedingungen und Erwartungen liebe und akzeptiere. Es ist ein Privileg, ein liebender Mensch zu sein.

## 19. Mai

Ich lasse jetzt alle begrenzenden Ideen bezüglich meiner Finanzen hinter mir. Ich bin ein wertvoller Mensch, und ich arbeite weise mit aufregend hohen Geldsummen. Ich bin immer finanziell abgesichert.

*

## 20. Mai

Egal, ob ich zu Hause oder außerhalb esse, stets sorge ich dabei für eine friedliche Atmosphäre: Viel Liebe, viel Schönheit, viel gute Gesellschaft und viel natürliches Essen von Mutter Erde.

## 21. MAI

Ich bin allen Lebenslagen gewachsen. Ich bin ein Schüler in der Schule des Lebens. An jedem Tag lerne ich Neues. Ich lerne, wachse und verändere mich mit Leichtigkeit.

*

## 22. MAI

Ich bin bereit, eine Arbeit aufzugeben, die meinen inneren Geist nicht wirklich nährt. Was für eine wundervolle, brillante, feinfühlige, starke und schöne Energie mein innerer Geist doch ist! Ich bin mit einer Arbeit gesegnet, die ich liebe.

## 23. MAI

Meine Sexualität gibt mir ein gutes Gefühl. Sie ist normal und natürlich. Meine Vorstellung von Gott unterstützt meine persönliche Wahrheit. Es ist gut und ungefährlich für mich, Nähe zu erleben und mein Innerstes mit einem anderen Menschen zu teilen.

*

## 24. MAI

Alle elektrischen Geräte funktionieren so gut, daß ich sie kaum wahrnehme. Ich schenke jetzt all den Apparaten, die meinen Alltag erleichtern, etwas Dankbarkeit. Danke – Kühlschrank, Herd, Entsafter, Mixer, Lampen, Telefon, Fax, Computer und all die anderen.

## 25. Mai

Liebe umgibt und schützt mich jederzeit. Ich habe auf meinem Weg immer ein perfektes Gespür für den richtigen Kurs und die richtigen Momente. Mühelosigkeit und Leichtigkeit sind meine Weggefährten.

*

## 26. Mai

Meine Arbeit ist zutiefst befriedigend für mich und alle anderen Beteiligten. Mein Chef, meine Kollegen und Kunden, sie alle sind mit meiner Arbeit zufrieden. Die Arbeit, die ich tue, erfüllt mich mit Stolz.

## 27. Mai

Ich führe meiner Welt positive Energie zu. Lachen, Singen und Tanzen sind natürliche und normale spontane Ausdrucksweisen. Wo ich auch hingehe, ich bin immer vollkommen. Ich bin ein positiver Mensch.

*

## 28. Mai

Wenn ich eine Atmosphäre von Liebe und Verständnis erzeuge, heilen mein Körper, mein Geist und meine Emotionen rasch. Ich vergebe der Vergangenheit und wende mich dem gegenwärtigen Augenblick zu. Göttliche Harmonie lenkt meinen Tag.

## 29. Mai

Heute bietet sich mir eine funkelnde Fülle von Möglichkeiten. Still und friedvoll weiß ich, daß die Zeit gekommen ist, wo mein Herz sich für neue Ebenen des Wohlstandes öffnet.

*

## 30. Mai

Wandern und andere einfache körperliche Betätigungen tragen zu meinem Wohlbefinden bei. Während des Tages denke ich immer daran, tief zu atmen, um mich von Angst von Anspannung zu befreien. Mein Körper freut sich über alles, was ich für ihn und mit ihm unternehme.

## 31. Mai

Es ist leicht für mich, mir vorzustellen, wie mir und den Menschen in meiner Umgebung Gutes geschieht. Wir alle entdecken jetzt allmählich, wie mächtig und leistungsfähig unser Geist ist. Heute begebe ich mich auf eine neue Stufe und stelle mir vor, wie der Planet Erde geheilt wird.

# *JUNI*

*

Die Natur entfaltet sich in einer unendlichen Vielfalt von Farben und Formen. Ich bin Teil der Natur, daher entfalte auch ich mich farbenfroh und schön. Die Möglichkeiten dazu sind unendlich und ermutigend. In der Unendlichkeit des Lebens, in der ich existiere, ist alles vollkommen, heil und erfüllt.

## 1. Juni

Mein Bewußtsein ist der Ausgangspunkt meiner Weltsicht. Ich entscheide mich jetzt dafür, die begrenzte Weltsicht meiner Eltern zu überschreiten und meine eigene geistige Perspektive zu entwickeln. Das Universum hilft mir bei der Erschaffung einer sicheren und liebevollen Welt.

*

## 2. Juni

Ich bin ein sicherer Fahrer und ein freundlicher Mitfahrer. Ich fahre gern Auto, und wenn ich mich in einen Wagen setze, bin ich immer ruhig und entspannt.

### 3. Juni

Im Kleinen wie im Großen sorge ich bereitwillig für mich selbst. In der Außenwelt muß sich nichts verändern, damit ich mich erfüllt von Liebe, Kraft und Freude fühlen kann.

*

### 4. Juni

Ich behandele mich selbst, wie ich einen von Herzen geliebten Menschen behandeln würde. Ganz gleich, wohin ich gehe oder wen ich treffe, stets wartet die Liebe auf mich. Immer wieder einmal belohne ich mich selbst mit kleinen Geschenken. Ich liebe mich.

## 5. Juni

Lange Schlangen an der Kasse im Supermarkt sind wunderbare Gelegenheiten, positiv zu denken. Ich schicke dem Verkaufspersonal freundliche, liebevolle Gedanken. Mein Geist ist offen und empfangsbereit für meine Ideen. Die Schlange bewegt sich rasch vorwärts.

*

## 6. Juni

Ich bin ganz allein selbst dafür verantwortlich, ob ich mich geliebt und heil fühle. Ich bin eins mit der Unendlichkeit des Lebens. Daher weiß ich, daß mir alles, was ich wissen muß, zur rechtenZeit und am rechten Ort enthüllt wird.

## 7. Juni

Ich weiß, ich verdiene es, geheilt zu werden. Ich habe Geduld mit mir, denn ich weiß: Ich gebe mein Bestes mit dem Wissen und Können, über das ich gegenwärtig verfüge.

*

## 8. Juni

Wenn ich mich aus irgendeinem Grund bedrängt oder ängstlich fühle, unterbreche ich sofort mein inneres Geschwätz, wende mich an das göttliche Zentrum in mir und spüre die heilende Macht der Liebe. Alles ist gut in meiner Welt.

## 9. Juni

Ich habe ein wunderbares Verhältnis zu meinem Vermieter / meinen Mietern. Wir respektieren und unterstützen einander. Unsere Bedürfnisse werden immer erfüllt.

*

## 10. Juni

Ich kann nur die Dinge empfangen, für die mein Bewußtsein offen ist. Immer wenn ich einen Mangel spüre, weiß ich, daß es an der Zeit ist, mich zu öffnen und etwas Neues hereinzulassen. Ich kann mein Bewußtsein jederzeit erweitern.

## 11. Juni

Ich sehe, wie Krankheit, Selbstbestrafung und Schmerz aus meinem Leben ausgesperrt werden, während sich für Harmonie, Wohlgefühl und Freude neue Türen öffnen.

*

## 12. Juni

Wir alle sind hier, um uns selbst und unsere Mitmenschen zu lieben. Voller Freude spüre ich heute die Macht der Liebe. Sie fließt so mühelos aus meinem Herzen, wie ein Fluß ins Meer fließt.

## 13. Juni

Ich bin tolerant und großzügig mit mir, während ich als Mitschöpfer an der Erschaffung meines neuen Lebens mitwirke. Während dieses Prozesses verhalten sich meine Freunde mir gegenüber liebevoll und hilfsbereit, und ich bin mir selbst ein guter Freund. Mich selbst zu lieben fällt mir von Tag zu Tag leichter.

*

## 14. Juni

Mein Zahnarzt und mein Hausarzt sind fürsorgliche Menschen. Sie arbeiten offen und bereitwillig mit mir zusammen. Jede Hand, die mich berührt, ist eine heilende Hand. Alles ist gut.

## 15. Juni

Tankstellen befinden sich stets am richtigen Ort, und man bedient mich dort fair. Mein Auto hat einen sehr günstigen Benzinverbrauch. Autofahren ist eine Freude.

*

## 16. Juni

Meine Kreditwürdigkeit ist ausgezeichnet. Ich bezahle meine Rechnungen pünktlich. In finanziellen Angelegenheiten weiß ich mich immer sicher und beschützt.

## 17. Juni

Meine überreiche Energie ermöglicht es mir, mich grazil wie eine Gazelle durch Raum und Zeit zu bewegen. Es fällt mir leicht, von hier nach dort zu gelangen. Ich genieße meine Reise durchs Leben.

*

## 18. Juni

Ich bin mir der Bereiche in meinem Leben bewußt, die besonderer Aufmerksamkeit bedürfen. Ich bitte das Universum, daß es mir hilft, mich von allem zu lösen, was nicht zu meinem Besten ist. Ich bin bereit, mein Leben durch die Liebe verwandeln zu lassen. Meine Gebete werden beantwortet, und alles ist gut.

## 19. Juni

Der Wohlstand anderer Leute spiegelt meine eigene Fülle wider. Es ist für uns alle mehr als genug da. Ich erfreue mich am Wohlstand, wo immer ich ihn erblicke.

*

## 20. Juni

Ich widme täglich mindestens fünf Minuten meinem Inneren Kind. Wir spielen miteinander und reden über wichtige Dinge und über lustige Dinge. Mein Inneres Kind ist ein fröhliches, intelligentes, hoch kreatives Wesen. Es bereichert mein Leben.

## 21. Juni

Während ich im Meer des Lebens treibe, sind meine Gedanken fest in Wahrheit und Liebe verankert. So bewältige ich auch schlimmste Stürme. Das Universum führt mich sicher durch alles hindurch. Voller Freude nehme ich mein Leben an.

*

## 22. Juni

Das Universum unterstützt mich bei allen meinen Unternehmungen. Ich entscheide mich dafür, Dinge zu tun, die sinnvoll und segensreich für mich und meine Mitmenschen sind. Das Leben bietet mir wahre Erfüllung.

## 23. Juni

Mit Klugheit und Leichtigkeit bewältige ich die Widersprüche des Lebens. Manchmal bin ich sparsam und manchmal großzügig. Ich weiß mir immer zu helfen. Ich bin völlig offen für die Fülle des Universums.

*

## 24. Juni

Die Vorgänge in meinem Körper sind normal und natürlich. Ich akzeptiere meinen Körper. Er ist schön, großartig und voller Wunder.

## 25. JUNI

Der Mensch, dem zu vergeben mir gegenwärtig am schwersten fällt, bedarf dieser Vergebung am meisten. Ich bin bereit, mich von dem Denkmuster zu lösen, das diesen Menschen in mein Leben zog. So kann ich erkennen, daß ich so, wie ich jetzt bin, heil und vollkommen bin. Ich gebe uns beiden die Freiheit, heil und vollkommen zu sein.

*

## 26. JUNI

Alle meine zwischenmenschlichen Beziehungen sind echt und aufrichtig. Ich umgebe mich mit wunderbaren Menschen, die meine Talente zu schätzen wissen. Es gibt in diesem Universum nur Eine Intelligenz, und sie hat uns alle erschaffen. Ich liebe und schätze alle meine Beziehungen zu anderen Menschen.

## 27. JUNI

Sich selbst anzunehmen und zu achten ist der beste Schlüssel zu positivem Wandel. Ich weiß, daß das funktioniert, und ich mache davon Gebrauch.

*

## 28. JUNI

Ich bin ein einfaches menschliches Wesen mit einem verblüffend komplizierten System von Glaubenssätzen. Ich lerne jetzt, hinter allen meinen persönlichen Problemen die Liebe zu entdecken. Ich habe Geduld mit mir, während ich lerne und wachse.

## 29. JUNI

Im Universum herrscht perfektes Gleichgewicht. Es gibt jemanden, der genau das benötigt, was ich anzubieten habe. Göttliche Führung bringt uns beide jetzt auf dem Schachbrett des Lebens zusammen.

*

## 30. JUNI

Vergebung ist ein Geschenk, das ich mir selbst mache. Ich verwende dieses Geschenk täglich, um meine spirituelle Immunität zu stärken. Vergebung macht mein Herz zu einem Ort des Friedens.

# *JULI*

*

Ich bin frei von meiner Vergangenheit, das weiß ich! In jedem Augenblick strömt eine Fülle von Ideen, Bildern und Gefühlen durch mein Bewußtsein. Das Universum schickt mir alles, dem ich meine Aufmerksamkeit widme. Deshalb konzentriere ich mich auf das Beste und Höchste.

## 1. JULI

Ich drücke meine Kreativität aus und habe den Mut, anderen mein inneres Selbst zu zeigen. Ich fühle mich von meiner Umwelt voll und ganz akzeptiert.

*

## 2. JULI

Äußere Ereignisse bringen mich immer weniger aus dem Gleichgewicht. Mehr und mehr vertraue ich darauf, daß das Leben mich sicher durch alle Veränderungen trägt. Meine Freunde und meine Familie sind mir gegenüber geduldig und freundlich. Ich erfreue mich am Fluß und Rhythmus meines sich beständig wandelnden Lebens.

## 3. JULI

Ich zeige dem Leben ein strahlendes Lächeln. Jeden Widerstand, den ich in mir bemerke, sehe ich nur als etwas, das es loszulassen gilt. Solche Empfindungen haben keine Macht über mich. Ich habe in meiner Welt die Macht.

*

## 4. JULI

Ich habe jederzeit die Freiheit, meine Gedanken selbst zu wählen. Heute feiere ich die klugen Schritte, die ich unternommen habe, um frei und unabhängig zu werden. Von Tag zu Tag fällt es mir leichter, mein Bestes zu geben.

## 5. Juli

Das Leben ist im wesentlichen sehr einfach. Was ich gebe, kommt wieder zu mir zurück. Deshalb achte ich sorgfältig darauf, das zu geben, was ich selbst gerne empfangen möchte. Heute entscheide ich mich dafür, Liebe zu geben.

*

## 6. Juli

Während der Arbeit ruhe ich stets in meiner Mitte. Ich arbeite mit Menschen zusammen, die mich lieben. Wir arbeiten an schönen, sinnvollen Vorhaben, die zum Wohle aller beitragen. Gutes Geld mit einer Arbeit zu verdienen, die ich liebe, ist meine größte Freude.

### 7. Juli

An jedem neuen Wendepunkt in meinem Leben gebe ich meinen Gefühlen Raum. Ich erhalte emotionale Unterstützung von liebevollen Menschen. Ich erschaffe mir einen Freiraum, in dem ich meine Emotionen ehrlich zeigen kann.

*

### 8. Juli

Mein innerer Geist ist immer schön und liebenswert, wie immer sich auch mein Äußeres verändern mag. Mich selbst zu lieben ist mein »Zauberstab«.

## 9. Juli

Ich bin ein guter Schüler/eine gute Schülerin. Ich entscheide mich dafür, daß Lernen ein Genuß ist und Freude macht. Die Menschen, die mir nahestehen, helfen mir, meine alten Denkmuster zu erkennen, und ich bin bereit, diese Muster zu ändern. Ich entscheide mich für die Freiheit.

*

## 10. Juli

Ich bin schön und werde jeden Tag anziehender. Ich bade im Sonnenschein positiver und wahrer Gedanken, durch die in meinem Herzen die Liebe wächst. Ich glaube an eine Macht, die weit größer als ich ist und mich in jedem Augenblick durchströmt.

## 11. Juli

Jeder Teil meines Körpers ist wichtig. Ich akzeptiere vollkommene Gesundheit als meinen natürlichen Zustand. Ich löse mich jetzt bewußt von allen geistigen Mustern, die sich in körperlichem Unwohlsein äußern könnten. Ich liebe und schätze meinen Körper.

*

## 12. Juli

Ich freue mich über die Erfolge anderer, denn ich weiß, daß genug für uns alle da ist. Ständig erhöhe ich mein Bewußtsein der Fülle, und das spiegelt sich in meinem Bankkonto wider. Mein Einkommen wächst ständig.

## 13. JULI

Ich segne liebevoll mein Telefon. Es bringt mir nur Wohlstand und liebevollen Austausch mit anderen. Ich erwarte Gutes in meinem Leben, und alles ist gut.

*

## 14. JULI

Die anderen Mieter/innen im Haus sind wunderbare Menschen. Wir sind einzigartige Menschen, die harmonisch zusammenleben. Das ganze Haus ist von liebevollen Schwingungen erfüllt, die jedem guttun, der es betritt.

## 15. JULI

Ich verzeihe mir, daß ich nicht vollkommen bin. Ich gebe mein Bestes und erweitere ständig mein Wissen und Verständnis. Ich akzeptiere mich und die Art, wie ich mich verändere.

*

## 16. JULI

Die Intelligenz in mir ist dieselbe Intelligenz, die diesen ganzen Planeten erschaffen hat. Ich vertraue darauf, daß meine innere Führung mir alles enthüllt, was ich wissen muß.

### 17. Juli

Mein Inneres Kind weiß, daß ich es liebe. Immer wenn es mich braucht, bin ich für es da. Ich nehme es in den Arm, wenn es sich fürchtet. Ich lasse es seine Wut ausdrücken. Ich sage ihm oft, wie sehr ich es liebe.

*

### 18. Juli

Ich bin immer gut vorbereitet. Auch wenn das Wetter jeden Tag anders sein mag, in der Unendlichkeit des Lebens ist alles absolut perfekt. Wenn es regnet, trage ich einen Schirm. Wo ich bin, ist alles gut.

## 19. Juli

Ich bin bereit, alles Gute zu empfangen, das das Leben mir zu bieten hat. Diese innere Bereitschaft entsteht, wenn ich mich liebe und meinen Geist darauf trainiere, sich meiner eigenen guten Eigenschaft bewußt zu werden.

*

## 20. Juli

Ich habe die Vision, ein gesundes, achtsames, liebendes Wesen auf einem gesunden, reichen, schönen Planeten zu sein, und ich erfülle diese Vision jetzt mit Leben. Dies ist eine wunderbare Welt. Göttliche Liebe stillt gestern, heute und morgen alle menschlichen Bedürfnisse.

## 21. Juli

Meine Urlaubsreise ist gut geplant. Ich gebe nicht mehr Geld aus, als vorgesehen, und alle haben eine schöne Zeit. Alle Menschen, denen wir begegnen, sind freundlich und hilfsbereit.

*

## 22. Juli

Meine Familie akzeptiert mich so, wie ich bin, und ich akzeptiere meine Familie so, wie sie ist. Jedes Familienmitglied ist liebenswürdig und wertvoll. Wir sind gerne zusammen.

## 23. Juli

Ich liebe es, in meinen persönlichen Dingen Ordnung zu halten. Meine Schränke sind aufgeräumt, und ich finde schnell alles, was ich brauche. Ich bin offen für neue kreative Einsichten.

*

## 24. Juli

Wenn ich einkaufen gehe, bewahre ich auch im dichten Gedränge die Ruhe. Die Dinge, nach denen ich suche, sind leicht zu finden. Das Verkaufspersonal behandelt mich zuvorkommend.

25. Juli

Ich lasse in meinem Leben Raum für Spaß und vergnügte Augenblicke, damit Humor mich durch alles Erfahrungen begleitet.

*

26. Juli

Hausarbeit ist für mich kinderleicht. Ich finde immer genug Zeit, um meine Wohnung in Ordnung zu halten. Es ist schön, nach Hause zu kommen.

## 27. JULI

An meinem Arbeitsplatz ist die Liebe für mich eine ständige Energiequelle. Ich mache meine Arbeit mit Liebe. Die Menschen, mit denen ich arbeite, sind liebevoll. Kreativität ist bei unserer Arbeit ein angenehmer und fröhlicher Begleiter.

*

## 28. JULI

Ich erlaube es mir, mich gut zu fühlen. Ich bin heiter und dankbar für meine großartige, blühende Gesundheit.

## 29. JULI

Mitgefühl ist eine der höchsten Formen der Liebe. Ich blicke umher, und jeder Mensch, den ich sehe, ist Gott.

*

## 30. JULI

Ich finde leicht Antworten und weiß sofort, was zu tun ist.

## 31. JULI

Ich bin kompetent und fähig, die Aufgaben zu bewältigen, denen ich mich heute gegenübersehe. Ich bewahre in meinem Denken Klarheit und Frieden. Ich werde geliebt.

# *AUGUST*

*

Es gibt in meinem Leben genug Zeit der Ruhe, in denen ich mir die Möglichkeit gebe, meine Batterien aufzuladen. Auch wenn es den Anschein haben mag, daß ich in diesen Zeiten untätig bin, so wirkt doch die göttliche Intelligenz ständig in mir und durch mich. Ich bin in der Unendlichkeit des Lebens, und dort ist alles heil und vollkommen.

## 1. August

Ich lebe JETZT. Hier und jetzt kann ich mich weigern, den alten Film immer wieder neu abzuspülen, und gemeinsam mit meinem Höheren Selbst einen schönen neuen Film erschaffen. Licht! Bewußtheit! Action!

*

## 2. August

Alles, was ich brauche, ist in Reichweite. Sogar genug Geld ist verfügbar. Dankbar erhalte ich Hilfe aus erwarteten und unerwarteten Quellen. Ich gebe mir selbst die Erlaubnis, mich jederzeit allen Dingen gewachsen zu fühlen.

## 3. AUGUST

Mühelos bewege ich mich durch Zeit und Raum. Unbegrenzte Vitalität glüht in jeder Zeile meines Körpers. Ich fühle mich erhoben durch die Schönheit in mir und um mich. Ich weiß, daß ich von Natur aus stark bin.

*

## 4. AUGUST

Das Universum ist auf meiner Seite! Das Leben ist ein Abenteuer. Ich habe mich mit meinem Höheren Selbst verbündet. Daher kann ich gelassen durchs Leben gehen, im sicheren Wissen, daß alles sich zu meinen Gunsten entwickelt.

## 5. August

Ich bin auf dem richtigen Weg. In meinem Denken und Fühlen ist Klarheit und Frieden. In meinem Leben ist viel Platz für die Liebe.

*

## 6. August

Ich erkenne, daß ich für meine Lebensverhältnisse mitverantwortlich bin, und ich bin bereit, mich zu ändern. Ich spüre jetzt eine Macht in mir, die ich bei der Erschaffung positiver Erfahrungen ganz bewußt um Hilfe bitten kann.

## 7. August

Mein/e Lebensgefährte/in versteht mich. Unsere Temperamente ergänzen sich wunderbar, so daß wir Probleme mit Leichtigkeit und Liebe lösen können. Wir geben einander klare Signale, und jeder steht zu seinen Gefühlen.

*

## 8. August

Ich kann mein Bewußtsein jederzeit erweitern. Ich beginne mit einem geistigen Hausputz, bei dem ich mich von alten, abgenutzten Glaubenssätzen löse und Raum für neue, wichtige, positive Gedanken schaffe.

## 9. AUGUST

Ich ziehe auf ganz natürliche Weise gleichgesinnte Menschen an. Falls es zu Spannungen mit anderen kommt, weiß ich, daß es etwas für mich zu lernen gibt. Wenn die Lektion gelernt ist, kehrt die Harmonie zwischen mir und den anderen zurück.

*

## 10. AUGUST

Ich bin anfällig für gute Gesundheit. Ich bin körperlich in Topform. Mein Immunsystem schützt mich wirkungsvoll vor Krankheiten, denn auf einer tieferen Ebene ist Wahrheit meine ständige Nahrung.

## 11. AUGUST

Die Menschen in meiner Umgebung sind ein Spiegelsaal, in dem sich die unendliche Vielfalt meines unendlichen Selbst spiegelt. Ich sehe Unterschiede, und ich sehe Gemeinsamkeit. Das Wechselspiel zwischen uns allen ist nichts anderes als bedingungslose Liebe. Ich löse ich von meinen Erwartungen und akzeptiere das Leben, wie es ist.

*

## 12. AUGUST

Es ist ungefährlich für mich, Grenzen zu setzen und aufzulösen. Ich akzeptiere mein grenzenloses Wesen, und ich akzeptiere jene Bereiche, wo ich mich vorübergehend durch Grenzen definiere. Tag für Tag fällt es mir leichter, mein Bestes zu geben.

## 13. August

Ich sorge gut für mich, deshalb schaffe ich mir ein schönes Zuhause. Göttliche Weisheit, göttliche Harmonie und göttliche Liebe herrschen in meinem Haus.

*

## 14. August

Ich wache morgens gerne auf. Mein Beruf ist eine freudige Herausforderung, die ich heute gerne annehme. Ich spüre, wie das Universum sich liebevoll durch meine kreativen Talente und Fähigkeiten ausdrückt.

### 15. AUGUST

Meine Kommunikation mit anderen Menschen ist ausgezeichnet. Gute Schwingungen begleiten mich, wohin ich auch gehe. Ich fühle mich allen Menschen verwandt.

*

### 16. AUGUST

Die Natur spricht zu mir. Ich nehme mir immer wieder die Zeit, hinaus in die Natur zu gehen. Mit Grillen, Vögeln, Bäumen, Käfern und Eidechsen zu reden belebt mich irgendwie. Ich sage ihnen allen, daß ich sie liebe und dabei bin, neue Wege des Denkens und Handelns kennenzulernen.

## 17. August

Schönheit hat eine ganz eigene Heilkraft. Wenn ich still werde und mich auf die schönen Dinge in meinem Leben konzentriere, öffne ich mich für meine Selbstheilungskräfte.

*

## 18. August

Ich denke daran, während des Tages immer wieder tief durchzuatmen und mich vollständig zu entspannen. Jeder Augeblick ist gut, und meine Zukunft ist herrlich, fröhlich und sicher.

## 19. AUGUST

Ich habe ein gutes Verhältnis zu meinem Chef und meinen Arbeitskollegen. Wir alle bemühen uns bei unserer Arbeit gemeinsam um einen hohen Qualitätsstandard. Jeder von uns gibt und erhält sein Bestes.

*

## 20. AUGUST

Mein Partner/meine Partnerin und ich haben ein harmonisches Verhältnis. Wir kommen gut miteinander aus. Auch inspirieren wir einander durch unsere Güte. Wir machen es dem anderen leicht, sich von seiner besten Seite zu zeigen.

## 21. August

Sowohl in meinen persönlichen als auch in meinen geschäftlichen Beziehungen ist meine Individualität völlig ungefährdet. Ich verfüge über besondere Qualitäten und Eigenschaften, die mich außergewöhnlich machen, ohne die Harmonie mit anderen Menschen zu stören. Ich selbst zu sein ist ein spannendes Abenteuer.

*

## 22. August

Ich weiß, daß die Energie des Zorns nützlich ist, um die Mauern aus alten Glaubenssätzen niederzureißen. Daher richte ich sie auf diese Glaubenssätze und befreie sie auf harmlose Weise. Ich schaffe Raum in mir und fülle diesen Raum mit Liebe. Ich befreie andere und ich befreie mich selbst.

## 23. AUGUST

Als geliebtes Kind des Universums verdiene ich ein glückliches Leben und unternehme die nötigen Schritte, um mir ein solches Leben zu ermöglichen. Ich erwäge alle Möglichkeiten und mache Gebrauch von der Fähigkeit, meine Gedanken selbst zu wählen. Ich ziehe günstige Gelegenheiten an.

*

## 24. AUGUST

Meine finanziellen Wünsche gehen in Erfüllung. Es findet sich immer eine Geldquelle. Mein Bewußtsein akzeptiert Reichtum als etwas Natürliches. So lasse ich Wohlstand in mein Leben.

## 25. August

Bereitwillig leiste ich meinen finanziellen Beitrag zum Unterhalt der Stadt, in der ich lebe. Ich bin dankbar für die Wasser- und Stromversorgung, die Abwasser- und Müllbeseitigung, das Straßennetz, die Bahnen und Busse. Voller Freude mache ich Gebrauch von all diesen Dienstleistungen.

*

## 26. August

Ich habe einen endgültigen Schlußstrich unter alle Kritik an mir selbst und anderen gezogen. So, wie ich bin, bin ich okay. Jeden Tag verändere ich mich, wachse und gehe neue Wege. Und das gleiche trifft auf alle anderen Menschen zu.

## 27. August

Meine Selbstachtung ist unerschütterlich. Selbst in Situationen, wo mir der Boden unter den Füßen weggezogen zu werden scheint, weiß ich, daß ich die Kraft habe, mich anzupassen und meine Lektion zu lernen. Alles ist gut.

*

## 28. August

In meinen zwischenmenschlichen Beziehungen bin ich großzügig und großherzig. Ich folge der goldenen Regel: Behandele andere Menschen so, wie du selbst gerne von ihnen behandelt werden möchtest. Mein Leben ist erhaben, edel und reich.

## 29. August

Wenn es darum geht, sich körperlich zu betätigen, bin ich enthusiastisch und voller Schwung. Ich tanze, turne, springe und renne. Ich genieße es, Streß abzubauen und voller Energie zu sein.

*

## 30. August

Lernen macht Spaß. Es ist gut, mein Wissen auf sinnvolle Weise zu erweitern. Wenn ich einen Fehler mache, akzeptiere ich das sofort als Gelegenheit, etwas zu lernen. Ich bin ein Student an der Universität des Lebens und genieße es.

## 31. August

Die Weisheit des Universums ist unerschöpflich und steht mir jederzeit zur Verfügung. Ich bin mit der Gnade Gottes gesegnet. Mein Leben ist reich, denn ich bin mir bewußt: Alles, was ich wissen muß, wird mir stets zur rechten Zeit und am rechten Ort enthüllt.

# *SEPTEMBER*

*

Und wieder beginnt ein neuer Zyklus in der Schule des Lebens. Zu erleben, wie jeder neue Tag ein neues Abenteuer bringt, erfüllt mich mit Ehrfurcht. Die Verfärbung der Blätter und die sich ändernden Temperaturen machen mir bewußt, daß es im Leben einen größeren Plan gibt. Ich bin ein geliebtes Kind eines unendlichen Universums, und alles ist gut.

## 1. SEPTEMPER

Ich sege meinen momentanen Arbeitsplatz mit Liebe. Ich weiß, er ist nur eine Stufe auf meinem Weg. Meine Arbeit ist ein erfüllter, freudiger und natürlicher Ausdruck meiner Kreativität. Die Leute wissen meine Kreativität und Originalität zu schätzen.

*

## 2. SEPTEMBER

Daß es mich überhaupt gibt, ist ein Wunder. Ich achte und schätze mich selbst und das Universum, das mich hervorgebracht hat. Ich betrachte jeden Menschen als ein Wunder, das Liebe, Lob und Wertschätzung verdient.

## 3. September

In einer Schlange zu warten oder mit dem Auto im Stau zu stehen sind Gelegenheiten, um mein Bewußtsein zu erweitern. Ich trainiere meine fünf Sinne, indem ich schaue, höre, berühre, rieche und schmecke. Stets bemerke ich neue und interessante Aspekte in meiner Umgebung.

*

## 4. September

Liebe befreit und entspannt mich, während ich lerne, Verbindung mit meinen Gefühlen aufzunehmen. Unterdrückte Gefühle machen depressiv. Zum Ausdruck gebrachte Gefühle machen lebendig. Ich bin ein starker, liebender, entspannter Ausdruck des Lebens und froh, am Leben zu sein!

## 5. September

Ich lerne jetzt, Gedanken zu wählen, die mir helfen, statt mich zu behindern. Ich bin frei, in meinem Leben das Kommando zu übernehmen. Jeder neue Tag ist ein neuer Anfang, an dem sich mir neue Wege öffnen.

*

## 6. September

Das Viertel, in dem ich wohne, ist eine sichere und erfreuliche Umgebung. Die Menschen in meiner Nachbarschaft sind freundlich und hilfsbereit. Wir stehen miteinander in gutem Kontakt. Ich wohne an einem Ort des Friedens.

### 7. September

Ich bin ein mächtiges Wesen. Ich erkenne und akzeptiere meine Macht. Ich entscheide mich für Gedanken, die es mir ermöglichen, meine Macht liebevoll und weise zu gebrauchen.

*

### 8. September

Ich höre mit liebevoller Aufmerksamkeit zu. Ich höre die Freuden des Lebens. Wenn ich anderen zuhöre, empfinde ich Mitgefühl für sie. Ich besitze einen aufnahmebereiten Geist.

## 9. September

Es fällt mir leicht, meinen Entschlüssen treu zu bleiben. Ich bleibe am Ball und untermauere meine Entschlüsse mit spirituellen Überzeugungen. Weisheit und Wahrheit sind mein Fundament.

*

## 10. September

Ich habe ein offenes Ohr für andere Meinungen und Ideen. Ich bin bereit, mich zu verändern, und flexibel in meinen Vorstellungen und kreativen Ausdrucksformen. Die Muster meines Wachstums erneuern sich ständig.

## 11. September

Ich schätze mich selbst so sehr, daß mein Herz seine Liebe überallhin verströmt, sie anderen Menschen, Orten und Dingen und dem Prozeß des Lebens selbst schenkt. Meine Liebe ist eine mächtige Wunderkur, und sie ist unerschöpflich. Ich liebe mich.

*

## 12. September

Ich beschließe jetzt, mich über meine persönlichen Probleme zu erheben und die Großartigkeit meines Wesens zu erkennen. Ich bin viel mehr als meine Persönlichkeit. Ich bin eins mit einem unendlichen Universum und von ganzem Herzen bereit, mich selbst lieben zu lernen.

### 13. September

Mein Wesen ist klar und harmonisch. Ich entspanne mich jetzt und bin im Frieden. Nur Liebe umgibt mich.

*

### 14. September

Ich tröste mich mit sanften, freundlichen Gedanken. Die Gewohnheit des ängstlichen, sorgenvollen Denkens habe ich aufgegeben. Entspannung hilft mir, Verbindung zu meiner inneren Kraftquelle aufzunehmen.

## 15. September

Ich habe gelernt, um Hilfe zu bitten, wenn ich sie brauche. Ich unterstütze mich selbst, wenn ich mir von Freunden helfen lasse. Ich unterstütze mich selbst, indem ich an mich glaube.

*

## 16. September

Humor spielt in meinem Leben eine wichtige Rolle. Ich lache viel, und ganz besonders über meine Probleme. Das wirkt befreiend und hebt meine Stimmung. An manchen Tagen nehme ich das Leben gerne von der lustigen Seite.

## 17. September

Ich liebe mich, deshalb achte ich darauf, was ich in den Mund stecke und ob es mir guttut. Gutes, nahrhaftes Essen gibt mir Energie. Es macht mir Freude, mich über die Grundlagen einer gesunden Ernährung zu informieren.

*

## 18. September

Ich bin für mein Inneres Kind da. Wenn sich meine Beziehung zu meinem Inneren Kind verbessert, kann ich mich auch anderen Menschen auf eine sichere, liebevolle Weise nähern. Mein Leben ist viel schöner, seit ich mit diesem kleinen Wesen in mir Verbindung aufgenommen habe.

## 19. SEPTEMBER

Ich lebe mit allen Menschen, die ich kenne, in Harmonie und Gleichgewicht. Das, was ich anderen gebe, kommt hundertfach zu mir zurück. Ich ziehe nur liebevolle Menschen an.

*

## 20. SEPTEMBER

Während des Tages löse ich mich immer wieder von mich begrenzenden Identitätsvorstellungen und erinnere mich daran, wer ich wirklich bin – ein herrliches göttliches Geschöpf, erschaffen von einem unendlichen Universum. Ich vertraue dem Universum, und ich liebe mich.

## 21. September

Ich schaue mich in meinem Leben um und finde fünf Dinge, für die ich dankbar bin. Ich bejahe meine Fähigkeit, mein Bewußtsein für größeren Wohlstand zu öffnen. Ich akzeptiere alles Gute.

*

## 22. September

Das Universum ist eine kosmische Macht, die alle Dinge erschafft. Mich mit dieser Macht zu verbinden und sie in mir zu spüren gibt mir Stehvermögen und Sicherheit. Jede Zelle meines Körpers weiß, daß diese Macht gut ist.

### 23. September

Von überallher kommt Gutes auf mich zu. Alle meine Wünsche werden erfüllt, noch ehe ich darum bitte. Alles ist gut.

*

### 24. September

Ich übernehme jetzt die Verantwortung für mich selbst. Ich weiß, daß ich etwas tun kann, um mein Leben zu ändern. Ich erschaffe mir jetzt eine sichere Zukunft.

## 25. SEPTEMBER

Ich bin bereit, den Weg der Freiheit zu beschreiten. Ich kann keinen anderen Menschen heilen oder ändern, oder ihm seine Lernaufgaben abnehmen. Ich entscheide mich für Gedanken, die mir helfen, mich selbst und andere zu lieben.

*

## 26. SEPTEMBER

Wenn ich mir selbst vergebe, kann ich auch meinen Mitmenschen viel leichter vergeben. Dann kann ich das Beste in ihnen sehen und ihnen helfen, ihre schönsten Eigenschaften zum Ausdruck zu bringen. Freude erfüllt meine Welt.

## 27. September

Die Welt ist ein Kunstwerk, und das trifft auch auf mich selbst zu. Damit ich einen positiven Beitrag zu dieser ständig fortschreitenden Schöpfung leisten kann, muß ich dem Prozeß des Lebens vertrauen. Überall vollzieht sich göttliches rechtes Handeln.

*

## 28. September

Liebevoll segne ich meine Eltern und gebe ihnen die Freiheit, auf ihre eigene Weise glücklich zu werden.

### 29. September

Die Macht der Liebe lenkt das ganze Universum. Früher lernte ich, der Liebe Widerstand zu leisten. Jetzt dagegen lerne ich, mein Leben von der Macht der Liebe lenken zu lassen. Ich verdiene die Liebe.

*

### 30. September

Mit mir selbst zu leben ist eine wunderbare Erfahrung. Wenn ich morgens aufwache, ist es ein erregendes Gefühl, einfach nur dazusein. Herrlich, wieder einen neuen Tag in so guter Gesellschaft zu verbringen!

# OKTOBER

*

Meine positive Geisteshaltung gestattet es mir, den tiefsten Teil meines Wesens kennenzulernen. Hier, in der Unendlichkeit des Lebens, fühle ich mich heil und vollkommen. Ich genieße die reiche Ernte positiver, liebevoller Erfahrungen und wandere friedvoll und dankbar in das Gelobte Land des Hier und Jetzt. Ich weiß, alles ist gut.

## 1. Oktober

Der gegenwärtige Augenblick ist der wichtigste Augenblick meines Lebens. Ich mache mein Glück nicht länger davon abhängig, daß bestimmte Dinge oder Personen sich ändern. Ich bin im Jetzt glücklich. Alles, was ich brauche, ist da. Alles ist gut.

*

## 2. Oktober

Ich richte meine Aufmerksamkeit auf mein inneres Selbst und finde dort Frieden, Liebe und Freude. Es ist natürlich für mich, daß ich auch beim Einkaufengehen in mir dieses friedliche Gefühl habe. Bei größeren Einkäufen öffne ich mich sogar noch mehr und lasse mich bei der Kaufentscheidung von der Liebe leiten. Alles ist gut.

## 3. Oktober

Mein Friseur weiß genau, wie ich am besten aussehe. Moden kommen und gehen, doch ich bewahre meine innere Ruhe, denn ich bin mir stets meiner inneren Eleganz bewußt. Ich bin sicher und geborgen.

*

## 4. Oktober

Meine Bereitschaft, Geld zu akzeptieren, wächst von Tag zu Tag. Daß ich existiere, berechtigt mich, vollen Gewinn aus meinen Gedanken zu ziehen. Ich löse mich von allen Gedanken, die mir suggerieren, ich sei nichts wert, und ersetze sie durch Gedanken an Universalen Wohlstand. Es ist gut für mich, reich zu sein.

## 5. Oktober

Alle meine Beziehungen sind harmonisch. Mein Denken in bezug auf Nahrung, andere Menschen, das Wetter, die Umwelt, die Karriere spiegelt wider, was ich in bezug auf mich selbst denke und empfinde. Ich liebe mich, deshalb ist mein Leben ein wunderschönes Lied der Freude.

*

## 6. Oktober

Ich höre auf, verzweifelt ums Überleben zu kämpfen. In jedem Moment entscheide ich mich dafür, mich vom Licht in mir führen zu lassen. Ich vergebe und löse mich völlig von der Vergangenheit. Ich bin frei.

## 7. Oktober

Es gibt einen Menschen, der genau zu mir paßt. Wir sind geistig im Einklang. Unsere Meinungsverschiedenheiten helfen uns, unser Bewußtsein zu erweitern. Wir behandeln einander auf liebevolle Weise, in dem Wissen, daß wir beide geliebte Kinder desselben unendlichen Universums sind.

*

## 8. Oktober

Alle Zellen in meinem Körper hören jeden Gedanken, den ich denke. Wir schwingen auf der gleichen Wellenlänge. Ich sorge für nahrhaftes Essen und Trinken, und mein Körper dankt es mir mit Kraft und blühender Gesundheit.

## 9. Oktober

Das Kind in mir weiß, wie man spielt, liebt und staunt. Wenn ich diesen kindlichen Teil in mir unterstütze, öffnet sich mein Herz und mein Leben ändert sich zum Besseren. Ich liebe mein Inneres Kind.

*

## 10. Oktober

Meine Brüder und Schwestern sind Spiegel für mich. Ich kann andere Menschen nur ändern, indem ich mich selbst ändere. Ich ermächtige mich jetzt, alle Schuldzuweisungen aufzugeben und meine Bewußtheit zu verändern. Ich bin frei. Ich bin mächtig. Ich bin reine Bewußtheit.

## 11. OKTOBER

Ich fühle mich in meinem Körper zu Hause. Es ist gut, sich zu entspannen und hier und jetzt mit sich im Frieden zu sein. Innere Stärke fließt in mir und um mich. Frieden ist die Macht, die in mir lebendig ist.

*

## 12. OKTOBER

Ich bin jetzt bereit, meine eigene Größe und Schönheit zu erkennen. Es ist gut, mich selbst so zu sehen, wie ich wirklich bin.

## 13. Oktober

Ich höre jetzt damit auf, immer wieder den gleichen alten Film ablaufen zu lassen, und sorge von nun an liebevoll für meinen Körper, meinen Geist und meine Emotionen. Ich erschaffe jetzt einen neuen Film, in dem es ungefährlich für mich ist, für mich selbst zu sorgen.

*

## 14. Oktober

Es ist gut, nicht zu wissen, wie alles funktioniert. Nur eines weiß ich wirklich: Es gibt eine Macht, die viel größer als ich ist. Diese Macht fließt jederzeit in mir, und ich kann mich immer für sie öffnen.

## 15. Oktober

Fröhliche neue Ideen zirkulieren jetzt ungehindert in mir. Mein Geist ist frei, die Macht meines Herzens zu erleben. Meine Verwandten, meine Freunde und meine spirituelle Familie, sie alle schätzen meine Freiheit und meine Freude.

*

## 16. Oktober

Meine Gefühle sind normal, und es ist ungefährlich, sie zuzulassen. Es erfüllt mich mit Dankbarkeit, daß ich alle meine Gefühle auf einfache und harmlose Weise ausdrücken kann. Ich fühle Erfüllung.

### 17. Oktober

Ich habe für jede Aufgabe, die ich heute erledigen muß, genügend Zeit. Ich bin stark, denn ich lebe ganz in der Gegenwart. Hier und jetzt ist alles gut.

*

### 18. Oktober

Meinen Freunden und Kollegen gegenüber bin ich freundlich und tolerant. Mit Flexibilität und Leichtigkeit sehe ich alle Seiten eines Problems. Es gibt immer unzählige Lösungsmöglichkeiten. Ich bin sicher und geborgen.

## 19. Oktober

Ich vertraue darauf, daß die göttliche Weisheit mich führt und beschützt. Wohin ich auch gehe, immer weiß ich, daß das Universum mich trägt und fördert. Ganz gleich, welches Verkehrsmittel ich heute benutze, stets gelange ich sicher und mühelos ans Ziel. Alles ist gut.

*

## 20. Oktober

Ich weiß, daß mein Leben wichtig ist. Mehrmals täglich gönne ich mir einen Moment der Stille, in dem ich Verbindung mit meinem Herzen aufnehme. Mein Herz schlägt im Rhythmus der Liebe.

### 21. OKTOBER

Mein Arzt liebt mich und ermutigt mich, an meiner Heilung mitzuwirken. Meine Termine bei ihm sind immer aufmunternd und positiv.

*

### 22. OKTOBER

Ich habe gelernt, meine Wünsche offen auszusprechen. Es ist gut und ungefährlich, die eigenen Gedanken und Gefühle klar und deutlich zu artikulieren. Ich bin allen Situationen gewachsen.

## 23. Oktober

Mein Leben läuft wie geschmiert. Alles ist in der richtigen göttlichen Ordnung, von den Sternen am Himmel bis zu den Kleidern in meinem Schrank. Ich liebe und schätze meinen klaren, geordneten Geist.

*

## 24. Oktober

Mein gegenwärtiger Arbeitsplatz ist ein vorübergehender Kanal für das Gute, das aus der Einen Unendlichen Quelle fließt. Es ist gut und ungefährlich für mich, den Kanal zu wechseln. Wenn sich ein Kanal verschließt, öffnet sich dafür ein anderer. Ich habe immer Zugang zu der Einen Unendlichen Quelle. Ich bin in Sicherheit.

## 25. Oktober

Ich erlebe die Sicherheit einer intimen Beziehung zu einem wunderbaren Menschen, der mich aufrichtig liebt. Wir beide erkennen jetzt die Kraft unseres Geistes und unserer Herzen.

*

## 26. Oktober

Ich entscheide mich dafür, die Süße und Freude des Lebens zu erfahren. Ich gebe jedes Bedürfnis nach Kontrolle auf. Ich weiß, daß ich alles, was ich brauche, zur rechten Zeit bekomme.

## 27. Oktober

Mein Zuhause ist ein Zentrum der Liebe. Es ist ein sicherer Ort, wo ich Ruhe finde und meditieren kann. Doch es ist zugleich auch der richtige Ort, um eine Party zu geben und mit Freunden zu feiern.

*

## 28. Oktober

Ich bereite mich auf einen gesunden Schlaf vor, indem ich vorher für Ruhe und Entspannung sorge. Ich liebe es, erfrischt und ausgeruhrt aufzuwachen. Wenn ich mich an einen Traum erinnere, bitte ich ihn, mir seine Botschaft zu verraten. Mein Bewußtsein und mein Unterbewußtsein sind gute Freunde.

## 29. Oktober

Ich lebe inmitten unglaublicher Veränderungen, und das alles macht mir großen Spaß. Hinter allem wirkt die Macht der Liebe. Ich werde auf jedem Schritt meines Weges geführt. Alles ist gut.

*

## 30. Oktober

Scheinbar zufällig ereignen sich in meinem Leben immer wieder kleine Wunder. Tagtäglich übe ich mich in der Kunst, solche Wunder hervorzubringen. Ich fühle mich großartig!

## 31. Oktober

Ich liebe mich, deshalb lehre ich mich selbst die Wahrheit über meinen Geist – wie mächtig er ist. Meine Erfahrungen im Leben werden durch meine Gedanken erzeugt. Ich habe die Macht, neue Gedanken zu denken. Alles ist gut.

# *NOVEMBER*

*

Tag für Tag öffne ich mein Bewußtsein ein wenig mehr für die göttliche Weisheit in mir. Ich bin froh, lebendig zu sein, und so dankbar für das Gute, das mir geschenkt wurde. Mein Leben ist eine Lobeshymne, mit der ich Gott und mir selbst für all diese reichen Segnungen danke. Ich bin ein strahlendes, leuchtendes Wesen des Lichtes, und es ist gut und gefahrlos, mein Licht zu zeigen.

## 1. November

Ich verdiene es, Ruhe und Stille zu finden, wenn es mir danach verlangt. Ich schaffe in meinem Leben Raum für diese Bedürfnisse. Ich gebe meinen Ideen die Chance, Wurzeln zu schlagen. Ich nehme gegenüber dem Lauf des Lebens eine geduldige und liebevolle Haltung ein.

*

## 2. November

Liebe ist die Kraft, die alles im Universum verbindet. Ich liebe mich und fühle mich dadurch mit allem verbunden. Je mehr Liebe ich in mir habe, desto mehr kann ich geben. Die Art, wie ich von der Liebe Gebrauch mache, gibt mir ein gutes Gefühl.

## 3. November

Ich glaube an mich. Ich weiß, ich bin fähig, Mitschöpfer einer friedlichen Welt zu sein. Ich suche mir Freunde, die meine Interessen teilen, und gemeinsam helfen wir einander. Ich liebe das Leben und die Freuden des Lebens.

*

## 4. November

Mein Arbeitsplatz ist nicht zu weit von meiner Wohnung entfernt. Meine Arbeitszeit entspricht genau meinen Bedürfnissen. Es fällt mir leicht und macht Spaß, bei der Arbeit produktiv und ordentlich zu sein. Ich liebe meinen Beruf.

## 5. November

Alles, dem ich meine Aufmerksamkeit widme, entwickelt sich zu meiner Zufriedenheit. Selbst schwierige Probleme verwandeln sich schließlich in echte Chancen. Ich habe genügend Energie, um alle Dinge auf erfreuliche und gesunde Weise zu tun.

*

## 6. November

Manchmal weiche ich von meiner üblichen Routine ab und tue etwas Ungewöhnliches. Ich nehme eine Veränderung in meiner Wohnung, meiner Lebensweise, meinen Geschäften vor, die für mich und für andere von Vorteil ist. Ich begrüße Veränderungen und erweitere meine Grenzen.

## 7. November

Wenn ich eine Sache angefangen habe, führe ich sie auch zu Ende. Das ist mir zur zweiten Natur geworden. Ich wahre bei allen meinen Projekten und Aufgaben einen Rhythmus und eine Harmonie, die allen Beteiligten zugute kommt. Mit Liebe und Freude akzeptiere ich meine Verantwortung.

*

## 8. November

Es macht mir Freude, meine innere Landschaft zu pflegen. Ich denke mir eine Meditation aus, die ich, wenn ich allein bin, konstruktiv nutzen kann. Ich erfreue mich an meiner inneren Suche und finde viele Antworten.

### 9. November

Erfolg zu haben, fällt mir leicht, denn mein inneres Auge ist die ganze Zeit darauf ausgerichtet. Ich teile meine Zeit klug ein, meine Aktivitäten sind gut durchorganisiert, und ich mache ehrliche, faire Geschäfte. Ich bin der wohlhabende, erfolgreiche Manager meiner Welt.

*

### 10. November

Es gibt eine Zeit des Empfangens und eine Zeit des Loslassens. Wenn etwas abgeschlossen ist, bleibe ich nicht daran kleben, sondern entlasse es mit Liebe. Ich bin immer zufrieden, ausgefüllt und perfekt.

### 11. NOVEMBER

Ich nehme mir die Zeit, zu träumen und mir ein ideales Leben vorzustellen. Ich setze mir innere Normen, die es mir ermöglichen, mit mir selbst in Frieden zu leben, während ich mich darin übe, meine Ideale zu verwirklichen. Ich höre auf die innere Stimme der Weisheit.

*

### 12. NOVEMBER

Ich bin gerne ein Mitglied dieser Gesellschaft. Meine Selbstachtung wächst ständig und ermöglicht es mir, meinen Beitrag zum Allgemeinwohl zu leisten. Ich arbeite zum Wohle des Planeten, und ich bin gesegnet.

## 13. November

Es macht mir Freude, in meiner Umgebung Ordnung zu halten, so daß ich die Dinge, nach denen ich suche, rasch finde. Die Macht des Universums hilft mir dabei, und ich verfüge über unbegrenzte Energie.

*

## 14. November

Ich vertraue mir und meiner Intuition. Ich spüre meine Macht. Wenn ich mich daran mache, alte Glaubenssätze aufzugeben, hilft mir das Leben bei jedem Schritt. Ich werde auf Wegen mit Nahrung, Kleidung, Obdach und Liebe versorgt, die ich als zutiefst befriedigend empfinde.

## 15. NOVEMBER

Heute ist ein harmonischer, glücklicher, liebevoller und friedliche Tag. Ich habe genug Zeit, um mich meinen Mitmenschen zu widmen. Mit meinen freundlichen, angenehmen Gedanken und Gefühlen erzeuge ich Harmonie.

*

## 16. NOVEMBER

Meine Kreativität fließt ungehindert, und ich verwende sie großzügig. Ich segne alles und jeden. Lachen, Singen, Tanzen und Spielen sind wichtige kreative Ausdrucksformen. Ich strahle Freude aus und teile dieses Gefühl mit anderen.

## 17. November

Hausarbeit gehört zum Leben dazu, und ich erledige sie rasch und mühelos. Ich bin gesund an Körper, Seele und Geist und erfüllt von unbegrenzter Energie. Ich liebe es, mein Leben gut zu organisieren, und weiß, daß meine Arbeit dauerhafte Erfolge bringt.

*

## 18. November

Ich erwache jetzt für positive Veränderungen und wirkliche Freiheit. Ich fühle mich gut genug, um mich auf neue Lebenserfahrungen einzulassen. Sogar der Tod ist eine Veränderung zum Besseren. Es ist gut und ungefährlich, loszulassen und auf Gott zu vertrauen.

### 19. November

Mein Immunsystem ist allem gewachsen, mit dem ich in Berührung komme. Es ist wachsam gegenüber allen unliebsamen Überraschungen und sorgt immer für mein Wohlergehen. Ich liebe meine unerschütterliche gute Gesundheit.

*

### 20. November

Ich lebe im Hier und Jetzt. Jeder Moment bietet mir eine Fülle von Möglichkeiten. Klar und positiv denkend verbünde ich mich mit meinem Höheren Selbst, und gemeinsam erschaffen wir alle meine Erfahrungen. Alles ist gut.

## 21. November

Mein Zuhause ist ein Ort des Friedens. Zu Hause finde ich immer Trost und Ruhe. Falls nötig, fällt es mir leicht, positive Veränderungen in meinem Heim vorzunehmen. Zu Hause zu sein ist eine zutiefst befriedigende Erfahrung für mich.

*

## 22. November

Mein inneres Selbst weiß, daß das Universum jetzt dabei ist, mir zu einer enorm reichen Ernte zu verhelfen. Schweigend wende ich mich nach innen und lausche. Voller Liebe betrachte ich die Natur und all ihre Schönheit und fühle mich belebt und erfrischt.

## 23. November

Ich trainiere meinen Körper regelmäßig und lasse mich, falls notwendig, ärztlich untersuchen. Mein angeborenes Urteilsvermögen sagt mir, daß ich in ständiger Verbindung zu der Einen Universalen Intelligenz bin. So schreite ich, mit dem Universum als Partner, von Erfolg zu Erfolg.

*

## 24. November

Meine Freizeit mit meinen Freunden zu verbringen, macht mir großen Spaß. Wir genießen es, unserer Kreativität freien Lauf zu lassen. Es gibt immer etwas zu lachen, und nie vergessen wir, dankbar für all unsere Segnungen zu sein.

## 25. November

Dinge erfolgreich zu Ende zu bringen ist genauso normal und natürlich, wie etwas Neues anzufangen. Das eine folgt dem anderen, wie die Nacht auf den Tag folgt. Ich bin eins mit all diesen Dingen. Ich weiß: Wenn ich Altes freigebe und loslasse, öffnen sich in meinem Leben neue Türen. Ich vertraue dem Lauf des Lebens.

*

## 26. November

Ich bin ein Licht für diese Welt. Mein Hiersein erleichtert anderen das Leben. Und darum folge ich meinem inneren Stern und funkle und leuchte auf meine besondere, stille Weise. Alles ist gut.

### 27. NOVEMBER

Wie dankbar ich doch bin, daß ich in dieser Zeit großer Veränderungen leben darf! Auch wenn die Lage schwierig wird, kann ich mich immer für die Weisheit in meinem Inneren öffnen. Von dort kommen Antworten, Heilung und neue Ideen. Ich liebe mein Leben.

*

### 28. NOVEMBER

Wohin ich auch gehe, immer erwarten mich reiche Segnungen. Ich bin ein Magnet für alles Gute, denn ich entscheide mich für positive Gedanken. So zu leben ist ein erregendes Abenteuer. Ich bin bereit für die Freiheit.

## 29. November

Ich vergebe der Vergangenheit und allen vergangenen Erfahrungen. Ich lebe ganz und gar im Jetzt. Im Wissen, daß meine Zukunft hell, fröhlich und sicher ist, lasse ich meine ganze Liebe in den gegenwärtigen Augenblick fließen.

*

## 30. November

Ich breite meine Arme aus und empfange die Fülle des Reichtums, den das Universum zu bieten hat. Ich kann diesen Reichtum jederzeit, Tag und Nacht, in mein Leben lassen. Mehr und mehr werde ich mir der Fülle bewußt. Es gibt mehr als genug für uns alle.

# *DEZEMBER*

*

Ich bin mit dem ganzen Universum verbunden, und ich werde göttlich geführt und beschützt. Tag für Tag fühle ich mich auf diesem heiligen Planeten neu geboren. Die Gaben des Lebens auf der Erde sind Frieden, Liebe und Freude. Dankbar empfange ich diese Gaben und teile sie mit meinen Mitmenschen. Gemeinsam erschaffen wir eine Welt, in der wir einander gefahrlos lieben können.

## 1. DEZEMBER

Meine Haustiere helfen mir, bedingungslose Liebe kennenzulernen. Ich schaffe eine sichere, liebevolle Umgebung für sie. Es ist ein Privileg für mich, für sie sorgen zu dürfen. Ich liebe meine Haustiere.

*

## 2. DEZEMBER

Ich nehme mir genügend Zeit, um inneren Frieden zu finden. Ich weiß, daß ich auf diese Weise mein wahres Potential entfalten kann. Mein Inneres Kind weiß, daß es mein natürlicher Zustand ist, zu blühen und zu gedeihen. Ich bin mein eigener Erlöser. Ich liebe mich.

### 3. Dezember

Ich bin verantwortlich für meine Gedanken. Ich versuche nicht länger, sie zu unterdrücken oder zu verdrängen, sondern lasse sie einfach fließen. Ich ruhe im sicheren Wissen, daß ich die Kraft meines Geistes auf jede gewünschte Weise einsetzen kann.

*

### 4. Dezember

Mein Körper ist mit Sternenlicht gefüllt. Er ist ein Energiefeld reiner Bewußtheit, in dem die Freude des Lebens schwingt und zirkuliert. Alles ist gut in meiner Welt.

## 5. Dezember

Ich habe beschlossen, mich mit dem ewigen Urgrund allen Seins zu identifizieren. Hier bin ich sicher. Hier kann ich mich völlig entspannen und mich dem Leben öffnen. Ich bin in der Unendlichkeit des Lebens, wo alles perfekt, unversehrt und vollkommen ist.

*

## 6. Dezember

Alle Menschen sind immer hilfsbereit. Ich nehme mir genug Zeit für meine Urlaubseinkäufe. Mühelos erwerbe ich das, was ich brauche, zu erschwinglichen Preisen.

### 7. DEZEMBER

Ich gehe pfleglich mit meiner Kleidung um. Sie hält lange, weil ich sie mit Freude und Dankbarkeit trage, wasche, bügele und ausbessere.

*

### 8. DEZEMBER

Ich setze meine kreative Energie auf eine Weise frei, die ich als erfreulich und anregend empfinde. Neue Aspekte in mir tun sich auf, und ich erlebe ich als ein dynamisches, kreatives menschliches Wesen. Ich genieße das Leben.

### 9. Dezember

Alle meine zwischenmenschlichen Beziehungen sind harmonisch. Niemand muß sich ändern, damit ich mich von grenzenloser Liebe erfüllt fühlen kann. Andere Menschen spiegeln die Liebe wieder, die ich für mich selbst empfinde. Alles ist gut.

*

### 10. Dezember

Es ist eine schöne, gesunde Sache, Feste zu feiern. Ich feiere mit Freunden und Kollegen auf eine Weise, bei der ich mich gut fühle. Ich kann gefahrlos Fülle erleben.

## 11. Dezember

Ich habe alles Geld, das ich brauche. Meine Anschaffungen bewegen sich im Rahmen meiner finanziellen Möglichkeiten. Das, was ich anderen gebe, ist stets willkommen. Was ich bin und was ich habe, teile ich mit anderen, denn im Geiste sind wir alle eins.

*

## 12. Dezember

Ich blicke liebevoll auf meine Vergangenheit zurück und entscheide mich dafür, von meinen früheren Erfahrungen zu lernen. Es gibt kein richtig oder falsch, gut oder schlecht. Es gibt nur den gegenwärtigen Augenblick. Ich liebe mich dafür, daß ich mich selbst aus der Vergangenheit sicher in die Gegenwart gebracht habe. Alles ist gut.

## 13. Dezember

Die verjüngende Energie der Liebe liebkost jede Zelle meines Körpers. Ich entspanne mich und lasse diese liebevolle Energie alle Spannungen und überholten Glaubenssätze auflösen. Täglich meditiere ich darüber, daß die Liebe in mir gegenwärtig ist.

*

## 14. Dezember

Liebevoll und freudig akzeptiere ich meine Sexualität und ihre Ausdrucksformen. Meine biologischen Bedürfnisse sind ein natürlicher, normaler Teil meines Lebens. Ich kann völlig gefahrlos ich selbst sein.

## 15. DEZEMBER

Meine Schwestern und Brüder sind großherzig. Wir empfinden Toleranz, Mitgefühl und Liebe füreinander. Ich öffne meiner Familie mein Herz.

*

## 16. DEZEMBER

Täglich verbringe ich ein wenig Zeit damit, darüber nachzudenken, was ich in meinem Leben verwirklicht sehen möchte. Heute ist ein neuer Tag. Ich bin für mich selbst verantwortlich. Ich bin eins mit der Macht, die mich erschuf. Diese Macht hilft mir, frei von meiner Vergangenheit zu werden. Alles ist gut.

## 17. Dezember

Ich stelle mir eine Welt vor, in der die Menschen wichtiger sind als der Profit. Eine Welt, in der die natürlichen Lebensgrundlagen für zukünftige Generationen bewahrt werden. Die Liebe in meinem Herzen verleiht mir die Kraft, jetzt mit der Erschaffung einer solchen Welt zu beginnen.

*

## 18. Dezember

Ich suche die Nähe von Menschen, deren Gesellschaft gut für mich ist. Sie unterstützen mich bei der Bewältigung meiner Probleme und tragen zu meiner Lebensqualität bei. Meine Zukunft leuchtet in einem hellen Licht.

## 19. Dezember

Ich achte und respektiere mich. Ich denke Gutes von den Menschen in meiner Umgebung. Wenn jemand seine Sache gut macht, lobe ich ihn dafür. Meine Selbstachtung erhebt mich.

*

## 20. Dezember

Es fällt mir leicht, um Hilfe zu bitten, wenn ich Hilfe brauche. Auch inmitten großer Veränderungen fühle ich mich sicher und geborgen, denn ich weiß, daß ständige Veränderung ein natürliches Gesetz des Lebens ist. Ich bin bereit, mich zu verändern. Ich entschied mich dafür, mich selbst zu lieben und den heutigen Tag zu einer schönen Erfahrung zu machen.

## 21. Dezember

Mich selbst zu lieben ist eine Aufgabe, der ich mich aufrichtig widme. Tief im Zentrum meines Seins gibt es einen unerschöpflichen Brunnen der Liebe. Ich lasse jetzt zu, daß diese Liebe in mir emporsteigt, in alle Richtungen ausstrahlt und hundertfach vermehrt zu mir zurückkehrt. Mit Liebe sind alle Dinge möglich.

*

## 22. Dezember

Ich bin freundlich und zuvorkommend gegenüber anderen Passanten und den Menschen in den Geschäften. Ich mache auf dem Bürgersteig und an der Kasse bereitwillig Platz. Jetzt ist eine Zeit des Friedens. Ich erzeuge Harmonie, wohin ich auch gehe.

## 23. Dezember

Meine innere und äußere Welt sind im Gleichgewicht. Ich atme tief und ruhig und es fällt mir leicht, mich zu entspannen. Es ist ein befreiendes Erlebnis, den Fluß meiner Gedanken und Gefühle zu beobachten. Ich weiß immer, wie es weitergeht.

*

## 24. Dezember

Dankbar erkenne ich an, daß ich viel mehr kann, als ich mir selbst zugetraut habe. Je mehr ich mich öffne und dem Leben vertraue, desto mehr Hilfe erhalte ich vom Universum. Ich fühle mich aufrichtig geliebt.

### 25. Dezember

Ich feiere das Wunder meines Daseins. Ich öffne mein Herz und schenke den Menschen meine Liebe. Alle fühlen sich dadurch gesegnet. Ich fühle mich durch und durch wohl.

*

### 26. Dezember

Für die Liebe gibt es keine Hindernisse. Ich liebe mich selbst, daher erwartet mich Liebe, wohin ich auch gehe. Sie kommt aus meinem Herzen, und ihr Vorrat ist unerschöpflich. Ich bin stark.

### 27. Dezember

Meine Quelle ist die Unendlichkeit. Sie versorgt mich durch eine Vielzahl von Kanälen mit dem Geld, das ich brauche. Ich stelle mir vor, daß die Weltwirtschaft unbegrenzten Wohlstand aus der Einen Quelle schöpft. Alle Menschen haben genug Geld, um sich alles zu kaufen, was sie brauchen.

*

### 28. Dezember

Ich bin glücklich in meinem Haus/meiner Wohnung. Ich segne jeden Menschen, der mein Zuhause betritt. Es ist angenehm, sich in meinen Räumen aufzuhalten. Ich komme gern nach Hause.

## 29. DEZEMBER

In allen Menschen wirkt die natürliche Macht der Liebe. Es ist schön, Liebe zu geben und zu empfangen. Im Universum gibt es genug Freude für alle. Ich liebe es, mir selbst eine Freude zu machen.

*

## 30. DEZEMBER

Ich habe das für mich ideale Körpergewicht. Ich sorge gut für mich und schütze meine Gesundheit auf liebevolle Weise. Meine Diät aus positiven Gedanken zahlt sich in jeder Hinsicht aus.

## 31. Dezember

Der letzte Tag dieses Jahres ist ein herrlicher Tag. Ich verbringe ihn damit, etwas für mich wirklich Bedeutungsvolles zu tun. Mein Leben wird immer besser und besser. Ich liebe mich.

Sanft und behutsam berühre ich mein Herz und spüre, wie seine Liebe kraftvoll in meine Hände fließt. Alle, die ich heute berühre, fühlen diese Liebe und werden von ihr energetisiert.

Ich höre, was mir meine Probleme zu sagen haben, und gehe dann weiter zum hellen Licht der Liebe, das nur darauf wartet, von mir wahrgenommen zu werden.

Ich behandele andere Menschen freundlich und zuvorkommend. Ich sorge dafür, daß andere sich in meiner Nähe wohl fühlen, indem ich auf ihre Gefühle achte und sanft und geduldig bin. Bereitwillig helfe ich, wo ich kann, um anderen ihre Last zu erleichtern.

Wenn es zwischen mir und meinen Freunden zu Spannungen kommt, suche ich nach negativen Botschaften aus der Kindheit. Ich vergebe der Vergangenheit. Ich vergebe allen anderen Menschen. Ich vergebe mir selbst.

Es gibt so viel, das wir auf der geistigen Ebene füreinander tun können. Gedanklich kann ich über viele Kilometer hinweg sagen: »Ich möchte helfen. Wie kann ich helfen?« Meine Liebe ist unbegrenzt und ewig.

Mein Herz ist das Zentrum meiner Macht. Mühelos gelingt es mir, Gutes zu erschaffen, weil meine Gedanken aus meinem liebenden Herzen kommen.

Energie, Enthusiasmus und blühende Gesundheit sind mein Geburtsrecht. Dankbar akzeptiere ich diese unbezahlbaren Gaben. Ich weiß: Je mehr Energie ich gebe, desto mehr fließt mir zu.

Es ist meine Aufgabe, der zu sein, der ich bin. Ich weiß und bekräftige, daß die Befolgung der göttlichen Prinzipien mir zum Erfolg verhilft.

Konflikte und Schwierigkeiten überwinde ich, indem ich meinen Blick fest auf Erfolg und Problemlösungen richte. Ich sehe in allen Dingen das Gute.

Es ist schön, mir selbst Freude zu bereiten. Ich versuche nicht länger, die Erwartungen anderer zu erfüllen, und vertraue darauf, daß das Universum genug Freuden für alle zu bieten hat.

Ich muß nicht ständig die Kontrolle haben. Ich lasse jetzt los und weiß, daß ich allen Herausforderungen gewachsen bin. Ich habe ein liebendes Herz, und das Universum erhält und beschützt mich.

Mein Körper ist ein Tempel, den Gott erschaffen hat. Liebevoll höre ich auf die Botschaften meines Körpers, denn ich weiß, daß jede Zelle in meinem Körper göttliche Intelligenz besitzt.

Ich lerne jetzt, mich zu lieben und mir zu vertrauen. Wenn mir etwas mißlingt, liebe ich mich trotzdem. Liebe gibt mir ein gutes Gefühl. Wenn ich mich gut fühle, helfe ich anderen, sich ebenfalls gut zu fühlen. Liebe ist eine natürliche Macht. Sie wirkt in allen Menschen. Heute öffne ich alle Schleusen für den Fluß der Liebe.

In meiner eigenen Welt bin ich der Autor meiner eigenen Geschichte; denn ich bin in meinem Geist der einzige Denker. Ich entscheide mich dafür, liebevoll auf das Leben zu reagieren, was immer es mir bringen mag.

Ich bin jetzt bereit, jede Kritik und Selbstbeschränkung aufzugeben. In dem Wissen, daß alle meine Wünsche und Bedürfnisse jetzt erfüllt werden, akzeptiere ich alles Gute.

Wenn ich meinen Geist öffne, um Neues zu lernen, wachse und verändere ich mich. Ich betrete jenen Raum, wo die Gesamtheit der Möglichkeiten meine Zukunft gestalten kann.

Ich benutze meine innere Weisheit, um erfolgreich zu leben. Ich habe immer genug Zeit.